Une seule vie en poche

Elisa De Jaunier

Le plus grand voyageur n'est pas celui qui a fait dix fois le tour du monde, mais celui qui a fait une seule fois le tour de lui-même.
Mahatma Gandhi.

© 2025 Elisa De Jaunier
Édition : BoD · Books on Demand, 31 avenue Saint-Rémy, 57600 Forbach, bod@bod.fr
Impression : Libri Plureos GmbH, Friedensallee 273, 22763 Hamburg (Allemagne)
ISBN : 978-2-3226-6166-4
Dépôt légal : Mai 2025

L'attaque de la baignoire

Chaque matin, il livre la même bataille. Le réveil sonne comme une corne de brume. La guerre est proche. Il n'est pas pressé, il se prélasse, fuit la lumière. Il est en sommeil, chaud et tranquille.

Les minutes passent trop vite. Le temps joue contre lui et il ne dispose d'aucune arme pour le combattre. Alors sa seule riposte, c'est l'indifférence. Il refuse de se soumettre, de se réduire lui-même en esclavage. Les chiffres rouges sur le radio-réveil, il les oublie. Pour une petite minute.

Puis doucement, très doucement, son grand corps se soulève, il grimace, s'assoit. Un ultime effort le hisse sur deux jambes. En trois pas, il atteint le premier champ de bataille et la première campagne : la salle de bain.

Aïe ! La lumière. C'est un coup rude mais il est fort, il s'habitue. Il fonce vers la baignoire, ferme le rideau. L'eau coule sur son corps, il attrape le savon, le tient fermement – ce petit prisonnier cherche sans cesse à s'échapper – et se frotte avec vigueur, longtemps. La baignoire se noie, se brûle, s'intoxique, chaque jet mène à la victoire, tandis que notre valeureux guerrier renaît, les yeux clos. L'énergie monte en lui par vagues et c'est agréable. Enfin il éteint l'eau, rouvre le rideau et s'essuie doucement.

Le voilà sur pied, devant le miroir embué. Un petit coup de peigne pour discipliner les cheveux rebelles, avant de dégainer le rasoir.

Il est presque prêt. Le café est en marche. C'est un soutien non négligeable. Un vieux complice au goût amer. Ce n'est pas l'amour fou, non, juste une alliance tactique.
Il le boit tiède et sucré, regarde enfin l'heure, se presse. Il déplie la planche et sort le fer, en deux temps, trois mouvements, il repasse une chemise. Puis il enfile ses sous-vêtements, plonge dans son pantalon noir, lace ses souliers, boutonne sa chemise. Qu'il est vif à présent !
C'est que d'autres batailles l'attendent. Il est encore là, parcourant à grands pas l'appartement, mais son esprit a déjà décollé vers des terres lointaines : il est « au boulot ».
Son visage est fermé, son regard presque dur. Où est l'homme aux yeux mi-clos qui se prélassait, il y a trente petites minutes ? C'est un mystère. Mais peu importe ! Il sera là demain, inchangé. C'est un jour sans fin, un rite chaque jour accompli, un drôle de combat.

Nous sommes en 2005. Gérard a trente-cinq ans, il évolue dans « la vie active » tandis que je termine mes études de droit et me destine à une carrière d'avocate. J'ai quitté la faculté de Lille pour le rejoindre à Courbevoie, en proche banlieue parisienne. Nous ne vivons pas au même rythme mais nous vivons heureux.

    Je ne connais pas les modestes moyens de la vie étudiante : Gérard m'équipe de rollers, de chaussures de randonnées, paie la note au restaurant, l'intégralité du loyer. Il paie à peu près tout en réalité, avec l'espoir non dissimulé de partir en pré-retraite dix ans au moins avant l'heure, et qu'à mon tour alors, je puisse « l'entretenir ». J'ai vingt-trois ans, je m'amuse de ses envies de retraite qui me semblent largement prématurées.

La bascule

Sept ans se sont écoulés, nous sommes en 2012. J'ai trente ans, Gérard quarante-deux. Je l'ai rejoint depuis quelques années dans le tourbillon de la vie professionnelle, avec son lot de matins fatigués, de soirées écourtées par des « nocturnes » au cabinet, de week-end paresseux, de vacances sportives.

Le 24 décembre, on quitte Lille où nous avons retrouvé quelques amis d'enfance à l'occasion des fêtes pour rejoindre la région parisienne, où mes beaux-parents nous attendent pour réveillonner.

L'autoroute A1 est plutôt chargée. Ciel bas, temps de bruine, la grisaille du nord colle au bitume. Je pianote sur mon smartphone, Gérard est au volant.

Une lumière vive attire soudain mon regard. Je lève les yeux et j'ai juste le temps d'apercevoir deux phares blancs qui nous font face. Un bruit assourdissant de ferrailles qui s'embrassent avec fougue. Le pare-brise explose sans un éclat de verre. L'habitacle du véhicule est miraculeusement préservé. Après de longues secondes à la dérive, notre voiture agonisante s'immobilise enfin.

Je crois que l'on a tous un point de rupture. Un moment de vie suspendue, qui nous bascule vers le jour d'après, celui où l'on devra se relever et se reconstruire. Ce peut-être un deuil, une rupture amoureuse, une maladie, un burn-out, le syndrome du nid vide, le jour de la retraite ou encore un confinement imposé par une pandémie mondiale.

Pour nous, ce fut cet accident de voiture.

Je tourne mon visage vers celui de Gérard et ne le reconnais pas. Son regard fuit, ses traits sont déformés par la douleur. Il a une plaie au crâne, une autre à la base du nez. Mais ce qui me terrifie, c'est sa plainte animale, son cri. Gérard est blessé, affolé par le choc, fou de douleur. À cet instant précis, je me demande si je ne l'ai pas perdu.

Une femme ouvre la portière. Elle dit qu'elle est médecin, qu'elle a appelé les secours. Elle nous aide à sortir de la voiture, venue mourir sur le bas-côté. Et là, assis sur le bitume, tremblants l'un près de l'autre, je vois Gérard qui ressuscite. Il revient à lui, découvre la voiture dont l'avant a été avalé par le choc. « C'est quoi ce bordel ? » Ce sont ses premiers mots, dont il n'a aucun souvenir, la journée entière ayant sombré dans un coin de sa mémoire. Ce bordel, mon amour, c'est un papy qui roulait à contresens sur l'autoroute. Nous avons été heurtés de plein fouet.

Gérard est revenu à lui et je respire enfin. Le souffle retrouvé s'accompagne d'une douleur lancinante dans le dos. On m'allonge.

Dix côtes cassées, la colonne déplacée, recul du mur postérieur, une vertèbre qui n'a pas survécu au crash test.

Un coup de volant donné *in extremis* nous a sauvé la vie, il s'en est fallu de peu.

Une ambulance nous transporte au CHR de Lille. Lorsque Gérard donne l'adresse de ses parents au lieu de la nôtre, je réalise qu'il n'est pas totalement revenu. Pour ma part, je suis lucide. On est le 24 décembre et il va falloir prévenir les proches qu'on ne sera pas des leurs pour Noël, sans trop les alarmer. C'est un moment difficile.

Gérard est en soins intensifs. Ses organes saignent. Il est polytraumatisé.

Mon cas aux urgences inquiète moins, et je patiente longtemps avant d'être emmenée en radiologie. La manipulatrice prend le soin de vérifier s'il y a un risque de grossesse. J'ai 30 ans, j'ai passé les deux dernières années à convaincre Gérard que j'étais prête à être mère. On venait de se lancer dans l'aventure. Le test de grossesse revient négatif et c'est un grand soulagement.

Le neurologue qui vient me voir, clichés en main, semble contrarié. Mon cas est plus sérieux que ce qu'il ne présageait. Il va falloir opérer pour reconstruire la vertèbre cassée. Comme je suis jeune et en pleine santé, j'ai le droit d'intégrer un programme expérimental visant à ponctionner ma propre moelle osseuse pour la greffer sur la vertèbre abîmée. Ainsi, dans quelques temps, les vis et les barres pourront être retirées, je n'aurais plus de corps étranger.

Je passe les jours suivants dans le service de neurologie, où j'ai quelques visites. Je suis comme engourdie sous l'effet des médicaments, les premières nuits sont agitées de cauchemars où la scène de l'accident me revient, encore et encore.

Sous morphine, je vois des petits hommes, pas plus haut que des Playmobil, se promener sur mon corps alité. Je les vois, je les sens, je sais pourtant qu'ils n'existent pas. Je suis dans un état de conscience altéré, comme sous hypnose : parfaitement lucide et évoluant pourtant dans une autre dimension peuplée d'hallucinations. Je me rappelle les quatre pompiers, qui, au bord de l'autoroute, m'ont soulevée tous ensemble d'un geste net et précis pour me glisser sur une civière, comme si leurs corps n'en formaient qu'un. L'un d'eux était tout jeune, un regard déterminé, l'air concentré sur les tâches à effectuer sur les lieux du chaos.

Je découvre le tramadol, un fort antalgique censé me soulager et qui me soulève le cœur. Mes côtes cassées n'apprécient pas les spasmes, les tremblements. Les sueurs froides me font promettre de m'en tenir au doliprane.

Les gens qui viennent me voir semblent plus bouleversés que moi. Je me demande à quoi je ressemble. Je flotte un peu.

Un coup de fouet me ramène à la réalité : Gérard a fait une embolie pulmonaire. Une fracture de la cheville passée inaperçue a créé un caillot remonté jusqu'au poumon. Pendant soixante-douze heures, son pronostic vital est réservé. Le monde vacille. La certitude d'une vie ensemble s'effondre. À 19 ans, j'ai troqué des parents contre Gérard, mon grand amour qui était également un tuteur. À 30 ans, je n'ai jamais volé de mes propres ailes. Cette évidence me transperce. L'instinct de survie est un programme puissant. Je procède à une mise à jour accélérée. Soixante-douze heures pour me préparer au monde d'après.

Les amis et famille qui passent à mon chevet n'ont pas de mots. Ils ont des larmes, des sourires, des mains posées sur mon épaule, des pensées silencieuses.

Soixante-douze heures. Ses poumons ont tenu le coup. Il est sauvé. Je pleure de joie.

J'ai prévenu le Cabinet d'avocats où j'exerce que « je ne viendrai pas travailler la semaine prochaine ». Je n'envisage même pas la suite, mon avenir tout entier tient dans cette temporalité. Je vivrai plusieurs mois ainsi, une semaine après l'autre, projetée toute entière dans le « carpe diem ».

Les jours s'écoulent doucement sur mon lit d'hôpital. L'odeur des lieux m'enveloppe toute entière : un mélange écœurant de détergents et autres gels hydroalcooliques, une odeur chaude et entêtante. Les heures s'égrènent dans une sorte de torpeur, faite de machines qui bruissent à intervalle régulier, de portes qui s'ouvrent, se ferment, de bruits de pas dans le couloir. À toute heure, jour et nuit, des mots s'échangent avec l'infirmière, l'aide-soignante, la femme de ménage. Les rotations s'opèrent. Je ne sais pas qui est qui.

Je marche dans le couloir, agrippée à un déambulateur. C'est très douloureux mais le neurologue ne me laisse pas le choix. Il faut très vite se lever, se mouvoir, relancer la machine. Je n'aime pas cet endroit et pourtant je n'ai aucune hâte d'en sortir. Je suis trop abimée pour imaginer retrouver le vrai monde.

Le nouvel an approche. Une amie m'a préparé un repas de fête. On le déguste ensemble sur mon lit d'hôpital. Une salade de pâtes, un petit plat cuisiné. Un geste d'amour qui m'apporte le plus grand réconfort. Ce soir-là je réalise que mes papilles redécouvrent les saveurs. C'est une véritable renaissance.

Après une semaine alitée, je suis autorisée à me lever pour prendre une douche. La sensation de l'eau chaude qui glisse sur mon corps et m'enveloppe tout entière est une expérience sensuelle jamais vécue auparavant. Mes sens sont en éveil. Je vis par boucles d'une semaine, mais je vis pleinement. Je saisis assez vite la puissance de cette porte ouverte sur le monde. J'y repenserai la première fois que je sentirai le vent frais d'hiver caresser mon visage le jour de ma sortie de l'hôpital. J'y repenserai l'été suivant, les pieds dans l'eau, redécouvrant la mer et l'horizon. Cette faculté de saisir l'instant est le cadeau qui m'a été donné au cœur de la tourmente.

Mon frère vient me chercher, pour me conduire chez mon père, à Lille, où je reste quelques jours en attendant le transfert de Gérard à l'hôpital d'Argenteuil. J'allonge le siège passager et prend place dans le véhicule. C'est très curieux de se laisser conduire en regardant le plafond, cela brouille les repères. Je ressens chaque vibration de la voiture le long de ma colonne et le coup de grâce m'est donné à l'arrivée, par le frein à mains. Je découvre mon handicap en évoluant dans le monde réel, hors des murs de l'hôpital. C'est une pensée assez vaste pour boucher tout l'horizon. Après le soulagement, la gratitude envers la vie qui nous a laissés saufs l'un et l'autre, l'abattement me gagne. Il me faudra des mois pour de nouveau pouvoir marcher à la vitesse de cinq kilomètres heure. Je découvre en arpentant les rues le pas lent des personnes âgées.

Mon père me laisse sa chambre à coucher. Je retrouve ma maison d'enfance dans un corps que je ne reconnais plus. Le premier matin, trois de mes doigts sont très engourdis. Mon père m'indique que cela provient d'un blocage au niveau des cervicales. C'est le second effet de cette blessure dorsale : des cervicalgies à répétition. Il y a les cicatrices aussi, neuf au total. Quatre de chaque côté en haut de la colonne, une en bas du dos, là où la moelle a été prélevée. Celle-ci est épaisse, chéloïde, vilaine.

À la mi-janvier, je rentre enfin dans notre maison à Argenteuil. Gérard est admis au service de cardiologie. Le traitement de son embolie pulmonaire a aggravé le saignement du cœur. Je suis désormais capable de me rendre à l'hôpital chaque jour, empruntant la vieille Kangoo de mes beaux-parents. Il a laissé pousser sa barbe. Son choc à la tête a légèrement modifié son tempérament. Lui, que j'ai toujours connu si calme, est devenu plus sanguin.

Mars 2013. Son retour à la maison est ponctué de rechutes, de nuits d'angoisses à surveiller la température et les douleurs dans la poitrine. Nous vivons, lui et moi, confinés avant l'heure. Plusieurs mois loin de nos bureaux, de nos collègues, à vivre dans une autre dimension : celle du corps, de la convalescence, des hôpitaux et des kinés.

Hiver, printemps, été. On rachète une voiture et renouons peu à peu avec la vie normale. En allant à Londres voir une amie, je sonne au portique de l'Eurostar. J'ai presque oublié que je suis Robocop.

Comme promis, le neurochirurgien me retire les tiges et les vis. En avril 2014, quinze mois après la première opération. Il rouvre les chairs. Mon corps se souvient. Cette seconde opération est aussi douloureuse que la première. Pourtant je me remets.

Deux ans plus tard, je cours un semi-marathon sans l'ombre d'une douleur dorsale. Je suis guérie. Je le dois à un formidable kinésithérapeute et ostéopathe, exerçant à deux pas du cabinet où je travaillais. Avec ses doigts de fée il répare tout, semaine après semaine. Il redonne leur autonomie de mouvement à mes vertèbres soudées. Un magicien.

Le travail ne retrouve jamais la place démesurée qu'il occupait auparavant dans ma vie. Gérard cesse d'être un tuteur, il devient mon mari. Le « carpe diem » a fait une place à l'avenir, laissant en héritage un sixième sens : capter la beauté du monde.

A deux, à trois, à quatre

J'ai longtemps eu peur de la maternité. J'y voyais un casse-tête insoluble et hostile.

Pour ma mère, mes sœurs, mon frère et moi étions des œuvres d'art. Ses œuvres d'art. Elle exhibait avec fierté nos réussites dans les études, nos visages radieux. Elle s'abreuvait de nos joies, nous regardait de loin jouer nos rôles d'enfants, sans venir au contact, sans savoir ou vouloir interagir avec nous. Puis, dans les mauvais moments, elle s'appropriait nos maux comme s'ils étaient siens, capable de se plaindre plus que l'intéressé sans pour autant savoir le réconforter. Je me suis parfois sentie dépossédée de ma propre histoire.

Je ne saurais expliquer comment est né mon désir d'enfant. Tant pis si ma propre relation mère-fille m'apparaissait comme un échec, je voulais désormais passer de l'autre côté du miroir. Les peurs n'avaient pas disparu, mais l'horizon s'est ouvert. Il y avait désormais une place pour l'envie, une envie grandissante et viscérale, gagnant du terrain jusqu'à devenir une conviction : je voulais vivre cette expérience unique consistant à accompagner un être de la naissance à l'âge adulte.

Ma première grossesse s'est étonnamment bien passée. Mon corps a cohabité en toute harmonie avec le bébé.

Ce corps, qui, adolescente, avait été le terrain de jeux de toutes mes angoisses : spasmophilie, tétanie, tachycardie, malaise vagal. J'avais la sensation qu'il me dominait, comme un animal sauvage que j'étais incapable de comprendre et encore moins de maîtriser.

Ma fille est née par césarienne après avoir, des heures durant, mené sa bataille pour se frayer un chemin. Les tissus cicatriciels dus aux deux opérations du dos qui ont suivi l'accident n'ont pas fait bon ménage avec la péridurale censée garantir une anesthésie. J'ai beaucoup souffert pour la mettre au monde.

La césarienne nous a sauvées, bien sûr. Mais c'est une voie vers la maternité qui me paraît bien différent d'un accouchement classique. J'ai pleuré à chaudes larmes en entendant « félicitations ». J'ai pleuré d'être en post-opératoire, de partir avec un handicap pour mettre en place l'allaitement, de ne pas pouvoir me lever pour prendre mon bébé dans son berceau. J'ai découvert le quotidien des jeunes mères « césarisées ». Pourquoi ne m'avait-on pas mieux parlé en amont de cet éventuel dénouement ? Pourquoi m'interdire de dormir avec mon enfant dans les bras alors que j'étais physiquement incapable de me lever ? Le tabou de la césarienne m'a enfermée dans un sentiment d'échec.

Il m'a fallu quelques jours pour sentir qu'elle était « mon bébé ». Je l'avais pourtant portée pendant neuf mois, je lui avais parlé, je lui avais chanté des berceuses, j'avais caressé mon ventre, nous avions largement eu le temps de faire connaissance. Une fois hors de mon corps pourtant, elle a d'abord été un sujet non identifié. Un petit être dormant tranquillement dans son berceau à mes côtés et qui ne m'était plus physiquement attaché. On pouvait se séparer pour la nuit sans que cela me pose problème ou même question. Je débarquais, comme toutes les femmes devenues mère pour la première fois avec ce nouveau titre en poche (« maman ») mais aucune expérience et bien peu de formation. C'est comme si l'on demandait à un jeune diplômé d'exercer un métier sans stage pratique, sans observation, sans formation, et avec pour tout bagage la théorie faite de lectures disparates. Quelle folie ! Si procréer semble la chose la plus naturelle du monde, la parentalité est quant à elle un art qui s'exerce et se transmet.

Le second bébé est devenu « mon bébé » dès les premiers instants. Il est né, comme sa sœur, d'une césarienne. L'accouchement a été bien plus rapide. J'ai décliné la proposition de l'équipe médicale de « nous laisser quelques heures » avant de renoncer à l'accouchement par voie basse. La fin semblait déjà écrite. Je ne voulais pas subir à nouveau cet accouchement, commençant par des heures de contractions épuisantes et inefficaces avant de basculer en salle d'opération. Après l'accouchement, j'ai gardé mon bébé dans mes bras, désobéissant aux injonctions de reposer le nouveau-né dans son berceau après les tétées. J'ai choisi de me faire confiance. Je me sentais plus légitime dans mon rôle de mère.

Est-ce la raison pour laquelle les aînés partent avec une sorte de handicap originel ? Ils entrent dans le monde, bercés par des apprentis parents bousculés, épuisés, perdus, chamboulés par ce qu'ils vivent, à tel point qu'ils ont du mal à trouver la bonne distance, entre fusion et rejet.

J'avais plus que quiconque la crainte de rater quelque chose avec mon aînée. Dans la fratrie dont je suis issue, c'est ma sœur aînée qui s'était heurtée aux plus grandes difficultés dans la vie.

Si j'avais bien identifié la question de l'aînée, j'ignorais en revanche que donner la vie allait faire ressurgir des obstacles du passé que mes enfants devraient affronter à leur tour.

J'avais cru que l'on pouvait se lancer sans risque, une fois les angoisses existentielles déjouées. Avais-je la naïveté de croire que l'on peut échapper à l'héritage, de croire que mes enfants seraient autoportants, parfaitement distincts de moi ? Qu'ayant fait place nette en moi, mis de l'ordre dans mes émotions, trouvé du sens à mon histoire, compris mon fonctionnement, je leur laissais un terrain déminé pour tracer leur propre route ?

Quelle erreur d'oublier le long chemin parcouru pour trouver un semblant de sérénité ! Quelle erreur de croire que la parentalité est une course de relais, alors que l'enfant devra, à son tour, partir sur la ligne de départ et avancer dans la vie avec les mêmes forces et faiblesses que dans ma propre enfance. Ils devront, à leur tour, dompter leur sensibilité exacerbée, affronter une peur excessive du noir et de la nuit, apprivoiser leur maladresse, acquérir une certaine estime de soi, vivre avec la peur de la mort, de l'échec, et de la séparation.

Consciente maintenant qu'on n'échappe pas à la transmission, que certains poisons se fraient un chemin, génération après génération, j'essaie de toutes mes forces de transmettre les antidotes.

Je suis une maman « proximale », de celles qui bercent les nouveaux nés pendant des heures s'il le faut et laissent leur enfant se glisser dans le lit parental. De celles qui recourent très peu au baby-sitting, acceptent de faire une croix sur leurs soirées, parce que les enfants ont à la nuit tombée les plus grands élans pour nous parler d'eux, les plus grands besoins d'être massés, câlinés, accompagnés vers le sommeil, même à six ans, même à huit ans.

J'ai peu de souvenirs de ma propre enfance et en particulier du moment du coucher. Mais je me rappelle mon père qui, pour nous amuser, nous tenait par les chevilles, tête en bas, pour nous amener jusqu'à nos lits au deuxième étage. La baby-sitter que l'on adorait, qui nous lisait des histoires avant de déposer un baiser sur nos fronts en nous souhaitant une bonne nuit. Le sentiment de vivre, ces soirs-là, un moment privilégié, un moment de fête.

Quand je te parle Maman
J'ai ce sentiment
La joie et le bonheur
Envahissent mon cœur

Ce premier poème de ma fille confirme ce que je pressentais : la présence rassurante auprès d'un enfant recharge son réservoir d'amour.

Je ne vis pas cette période comme un sacrifice, mais comme « une proximité choisie ». J'imagine qu'il en va de même avec entrepreneuriat, qui peut aspirer de tout son être celui qui crée une entreprise et la fait grandir. Là où les salariés « lambda » peuvent rester perplexes devant cette vie qui n'a plus de rythme (journée, soirée, nuit, week-end, vacances), ceux qui l'ont choisie n'y voient pas un sacerdoce. Ils y voient un accomplissement.

Il faut néanmoins de l'endurance pour résister à la fatigue accumulée des nuits écourtées, un dos solide pour porter les jeunes enfants. La parentalité commence par une épreuve physique. Tu remets à plus tard les soins esthétiques, le suivi médical, la mise à jour de la garde-robe, l'abonnement à la salle de sport et le SPA entre copines. Ton propre corps entre dans une parenthèse. Tu le nourris chaque jour pourtant, tu le laves, tu l'habilles, mais il y a quelque chose de mécanique, tu habites ton corps comme un étranger, un locataire distrait.

Ma belle orchidée

Au hasard d'une lecture, je découvre le concept des enfants « orchidée »[1]. Des enfants extrêmement réceptifs à leur environnement, particulièrement sensibles aux « agents stresseurs ». L'auteur les oppose aux enfants « pissenlit » qui ont des capacités d'adaptation et de résilience accrues. J'ai aimé apprendre que, si l'environnement le leur permet, nos vulnérables orchidées sont des enfants fleurs au plus haut potentiel d'épanouissement. C'est quitte ou double. Ce qui est étonnant, c'est qu'au sein d'une même fratrie, on peut trouver des enfants orchidées et des enfants pissenlits. Évoluant dans le même environnement social, économique, scolaire, familial, ils traceront souvent des chemins de vie distincts.

Notre fille a démontré des aptitudes précoces à la lecture, au graphisme, aux puzzles complexes. Ses réflexions sont étonnantes pour une enfant de son âge. Sa réceptivité à nos stimulations et celles de ses enseignantes fait office de turbo. Une vraie petite orchidée.

Elle a toujours été très expressive. Bien avant les mots, elle nous offrait des éclats de rires, des petits cris d'excitation réservés à Gérard et moi. Nous étions son monde, les autres l'effrayaient. Elle mettait beaucoup de temps à se familiariser, à faire confiance, à se détendre en présence de nouvelles personnes, ou seule dans son lit le soir. Très tôt nous sentons qu'elle n'était pas équipée de la fonction « lâcher prise ».

---

1 L'Enfant orchidée et l'enfant pissenlit, Boyce W. Thomas, paru le 12/08/21 aux éditions Pocket

Son monde s'agrandit avec l'arrivée de son frère, lorsqu'elle a deux ans et demi. Toujours très douce envers lui, elle endosse un rôle de grande sœur aimante, protectrice, maternante.

Elle a grandi très vite, déployant ses antennes qui lui faisaient capter tous les, ressentir les hésitations, les tensions. Elle a eu, dès l'âge de quatre ou cinq ans, un vrai sens de la répartie, une clairvoyance. On n'attendait de l'enfance une bonne dose d'insouciance et une confiance inconditionnelle. Elle nous a détrompé. Aucune de nos failles n'échappe à ses filets et pourtant, elle nous aime, nous le dit.

Elle vit tour à tour le pire et le meilleur jour de sa vie, jamais dans la demi-mesure. Elle vit intensément.

Peu après ses six ans, une spirale de stress la submerge, sans que l'on en mesure immédiatement les effets dévastateurs. Alors qu'elle fréquentait depuis trois ans le centre de loisir, la cantine, la collectivité à grande échelle, tout cela lui est soudainement devenu insupportable. On a mis cela sur le compte de la fatigue, mais l'été n'a rien arrangé et sa rentrée au CP a été chaotique.

Instinctivement, négligeant les injonctions à « l'endurcir », j'ai changé le pot de ma petite orchidée. Je l'ai sortie du terreau de la collectivité périscolaire : plus de cantine, plus de centre de loisir à la journée le mercredi. Cette stratégie de contournement a été rapidement efficace. Sa réceptivité à l'environnement protecteur et bienveillant lui a permis de retrouver un équilibre.

Je l'ai emmenée voir une sophrologue pour quelques séances, qui lui a appris à mieux gérer ses émotions, sentir venir les larmes et reprendre le dessus, respirer, revenir au calme.

Elle lui a appris à visiter sa maison ressource, le soir, pour s'apaiser et trouver le sommeil.

Deux ans plus tard, alors qu'elle entre en classe de CE2 nous avons déménagé, quitté Argenteuil pour un petit coin de campagne. Nouvelle tentative de restauration collective. Le mal-être s'est dissout, dans les mois écoulés ou les kilomètres parcourus, je ne le saurai jamais, mais quel formidable espoir ! Ainsi, une intense période de stress peut cesser comme elle est arrivée.

Aujourd'hui, à neuf ans, elle se montre soucieuse du bien-être de chacun, agit en médiatrice pour désamorcer les conflits des cours de récréation, prend part aux jeux qui l'intéresse, décline les autres. Elle ne cherche pas à plaire, ne fait pas de concessions, ne paraît pas influençable. Elle rechigne à se déguiser, se maquiller, n'aime que les vêtements simples et confortables, affirme son « style » vestimentaire, loin de la coquetterie féminine. Elle assume son côté « garçon manqué », bien plus que moi au même âge. J'ai dû le lui glisser : moi, à ton âge, je ne m'intéressais qu'aux jeux des garçons, j'avais du mal à m'intégrer parmi les groupes de filles, je me sentais différente d'elles. Est-ce que cette confession lui confère une sorte de légitimité ? Je l'ignore, mais une chose est sûre : elle semble moins subir sa différence que la revendiquer ouvertement. Elle choisit de qui elle s'entoure. Elle dégage une force, une tranquillité et une assurance que j'admire.

Elle est capable de dire « merci », elle a conscience de sa chance, lorsqu'elle part en vacances, lorsqu'elle admire la vue depuis la fenêtre de sa chambre ou lorsqu'on lui achète un beau livre. Elle est consciente du temps que l'on consacre à l'accompagner aux compétitions sportives ou chez le dentiste. Elle nous remercie même dans ces « devoirs élémentaires ». C'est bouleversant.

Mon petit Soleil

Son frère cadet est un être solaire. En soirée, à quatre ans, il assure le comité d'accueil, avec un bonjour pour chacun, le regard rieur. Il est confiant, d'une sensibilité lumineuse, amoureux des fleurs, un poète. Il voit un arc-en-ciel dans une noix de cajou, il invente la couleur « caramel » pour désigner des yeux noisette, il parle fort et d'une voix assurée, il compense son mini-gabarit par une immense présence. Il est câlin et aimant.

Il peine à décoller du bas de la courbe de croissance, ça nous oblige à avoir l'œil sur le compteur, à le suivre, le poursuivre, pour qu'il prenne des forces. Lorsque je caresse son petit corps qui s'assoupit, je sens ses côtes courir sous mes doigts. « Il n'a que la peau sur les os », l'expression me frappe de plein fouet. La mère nourricière en moi sent instinctivement qu'elle n'a pas accompli cette mission primaire, vitale. Une pensée plus raisonnée me souffle simplement que la nourriture ne l'intéresse pas. Il est ailleurs, il a trop à faire, à voir.

À cinq ans, il s'attarde encore dans les eaux de la petite enfance, se laissant volontiers nourrir à la béquée, habiller, bercer. C'est comme s'il avait deviné que le chemin de l'enfance à l'âge adulte est un aller-simple.

À six ans, il subit, comme sa sœur avant lui au même âge, une gifle que l'on n'avait pas vu venir. KO technique suite au déménagement. Perte de repères, immense tristesse. On s'est trouvé désarmés face à ce chagrin aussi compréhensible qu'inattendu : on avait tous l'œil rivé sur sa grande sœur, guettant ses réactions, tandis que le petit frère toujours joyeux et si sociable ne nous inquiétait guère. J'avais sous-estimé la violence du changement. Il pleure la vie qu'on lui a arrachée en le déracinant de son premier habitat, de son école, de sa nounou qu'il adorait, des copains du quartier et des fêtes au marché de la Colonie, notre quartier d'Argenteuil. Lui offrir un jardin plus grand, un havre de paix à la vue imprenable épargné par la pollution, le bruit des voisins et les cambriolages, quel intérêt pour lui ?

Sans que cela n'ébranle ma conviction d'avoir fait « le bon choix », je suis touchée par cette tristesse à l'état pur et assez impuissante face à ses mots : mon petit bonhomme veut rentrer chez lui.

Le X délaissé

« Dis-moi si je peux t'aider ? » La féministe qui sommeille en moi s'est d'abord révoltée contre le sous-jacent de cette question. J'aurais voulu de l'initiative, j'aurais voulu ne pas être à la manœuvre avec un mousse à mes côtés. J'aurais voulu un capitaine. Finalement j'en suis presque flattée. C'est moi le boss. Le pouvoir invisible de la ménagère. Celle qui fait tourner l'administratif, la vie sociale, celle qui maîtrise le calendrier, le menu midi et soir et la mise à jour des carnets de santé.

Avec les enfants surviennent des tensions liées à l'intendance. Les contraintes administratives, logistiques, ménagères, médicales, horaires, organisationnelles.

Depuis que je suis mère, je tente de résoudre l'impossible équation de l'équilibre entre le soi, le « nous deux », la parentalité et la carrière professionnelle.

Ce qui trinque le plus souvent, c'est le couple. Le X délaissé, c'est le sexe. Les enfants nous offrent leurs élans d'affection, on est shootés à leurs câlins, effaçant presque le manque de contacts d'un autre type. Pourtant, j'ai l'intime conviction que le sexe est comme le Feu de Koh Lanta : il ne faut sous aucun prétexte que je le laisse s'éteindre. J'ai besoin de souffler sur les braises, en solitaire au besoin, n'importe où et n'importe quand, ne pas laisser mon corps devenir raide et froid.

Mais, pour être enfin disponible aux caresses, à la sensualité, j'ai besoin de lâcher prise. Me connecter à l'instant et à mes sens. Laisser au pied du lit la liste infinie de toutes les choses que je dois faire dans l'heure qui vient. M'offrir à moi-même ce cadeau, ce plaisir gratuit qui recharge autant qu'il me détend, qui me connecte à l'autre, à sa peau, à son souffle, à son essence.

Quels liens entretiennent désir et amour ? J'ai parfois l'impression que c'est l'œuf et la poule. Le désir ravive les sentiments, qui doivent précéder le désir pour lui creuser un lit favorable.

Les couples qui ne se désirent plus ne s'aiment-ils pas pour autant ? Ils peuvent s'aimer avec une tendresse infinie, comme s'ils avaient simplement retiré une corde à leur harpe, ce qui rend la musique moins riche.

Le désir, je le perçois avant tout comme une forme de chimie. Des parfums, des grains de peau. Une attirance qui ne se construit pas mais qui s'impose, fluctue, déserte. Comme un chat, on ne peut jamais réellement le domestiquer.

Il y a des parents qui semblent maintenir l'équilibre du couple, qui ne sont pas aspirés par un trou noir. Ce n'est pas notre cas.

Ma seule arme dans cette équation impossible à résoudre, c'est l'espoir. Dire au grand amour de ma vie et le penser de toutes mes forces : « on vit côte à côte et plus ensemble mais ce n'est que temporaire ». On se prend le bec sur l'intendance. On ne se touche plus comme avant. Pourtant, tout est là, rien n'est mort, c'est seulement l'hiver. Notre couple marche au ralenti, l'hiver du couple va durer. Heureusement, nous avons des réserves. Tant de vie commune avant les enfants, tant à venir ensuite. Notre chance, c'est que Gérard était réticent à l'idée d'avoir des enfants. Il savait qu'on risquait de s'y perdre. Paradoxalement, c'est ce manque d'enthousiasme initial qui nous aide aujourd'hui. Il savait qu'il y aurait un hiver et tout ce que l'on parvient à sauvegarder, nos moments de couple hors de nos enfants, est vécu comme une chance.

Mourir à 125 ans

Mes enfants ont encore l'âge tendre où ils n'imaginent pas pouvoir vivre sans nous. Un soir, à l'heure du coucher, celle où jaillit toujours leurs angoisses existentielles, je me suis entendu promettre à ma fille de mourir à 125 ans, parce que 92 ans lui paraissaient un âge raisonnable pour synchroniser nos adieux à cette vie.

Cette promesse est aussi une promesse faite à moi-même : prendre soin de mon corps le plus longtemps possible, comme on bichonne une vieille voiture pour qu'elle traverse les décennies. Il y aura toujours des aléas, des facteurs externes sur lesquels je n'aurai aucune prise, mais j'essaierai d'agir sur ceux que je peux maîtriser : alimentation, activité physique, sommeil, alcool…

Depuis que je suis mère, j'ai peur moi aussi de mourir trop tôt, sans avoir eu le temps de préparer mes enfants à voler de leurs propres ailes. J'ai peur que ma chute entraîne la leur.

J'ai peur pour les autres aussi. Je souffre d'une sorte d'hypocondrie altruiste. Un état « d'hyper vigilance » pour tenter de contrôler l'incontrôlable, d'avoir toujours un coup d'avance sur la maladie. Je me bats pour placer le curseur au bon endroit : rester en alerte sans me laisser envahir par l'angoisse.

Ma mère ne voulait pas devenir une vieille personne. C'est un refrain que j'ai entendu dès l'adolescence, alors qu'elle n'avait pas encore cinquante ans. Je rêve au contraire d'être un jour arrière-grand-mère, de suivre le cycle de la vie jusqu'au bout, de sentir mon propre rythme faiblir au rythme des saisons. J'ai pensé le premier roman que j'ai écrit, *Dieu n'aime pas les vieux* comme un antidote à la peur de vieillir. Une démonstration que le temps qui ne s'écoule que dans un sens est une bénédiction. J'ai réinventé des vies, modifié les trajectoires de mes proches en partant d'éléments réels pour réécrire la suite, l'embellir, me réconcilier avec les personnages et renouer par ricochet avec leurs doubles dans la vraie vie.

Avant ce premier roman, j'ai écrit des poèmes. Le premier dont j'ai gardé le souvenir date de mes quinze ans. Il m'a valu une altercation avec mon professeur de français qui suspectait un plagiat. J'en ai tiré une certaine fierté mais aussi du dégoût face à cette accusation.

Les poèmes ont malgré tout continué de ponctuer ma vie et je me réjouis d'avoir transmis ce goût à ma fille qui s'y essaie depuis l'âge de huit ans.

Avant cela encore, au collège, nous avions un trafic d'enveloppes contenant nos pensées intimes. Un réseau impressionnant de messages croisés, de styles qui se construisaient, de sagas adolescentes retranscrites par fragments.

La plupart des rencontres amicales qui ont marqué ma vie sont passées par ce baptême de l'écrit. Des lettres aux journaux intimes dédiés dans lesquels je relatais des tranches de vies à destination de tel ou tel proche.

Peu à peu cependant, les mots ont trouvé leur chemin dans l'oralité. La voix, le rire, l'écoute véritable qui passe par un regard aussi solide qu'une corde d'escalade. Tu grimpes dans les hauteurs ou descend dans les abîmes, attachée à ce regard, assurée par l'autre. Tu ne risques pas de chuter, ce regard te rattrapera.

Mon Grand Amour

À dix-neuf ans, j'ai rencontré le grand amour.

Lors du premier week-end passé ensemble, je me souviens avoir beaucoup parlé. Lui me regardait. Il y avait dans ce regard une attention d'une rare intensité. J'avais le sentiment d'être exactement à ma place. Trois semaines plus tard, j'ai repris le train, et cette fois on s'est touché, caressé, embrassé. J'avais dix-neuf ans et Gérard m'a délivré de ma virginité.

Il était la première personne à m'avoir véritablement aimée. Comme aucun autre petit ami, aucune amie, aucun membre de ma famille. Pour la première fois je me suis dit : « *alors, je peux être moi-même, entière, et être aimée quand* même ? » Malgré mes zones d'ombres et ma folie douce, malgré mon esprit torturé, malgré tout ? C'était vertigineux, euphorisant.

J'avais dix-neuf ans, lui trente-et-un, nos mondes se sont percutés : l'univers de la fac contre celui du bureau, les copains étudiants post adolescents qui tranchaient avec les trentenaires plus ou moins installés dans leurs vies. On a l'un comme l'autre apprécié ce pont générationnel.

J'avais prévu d'aller poursuivre mes études de droit à Paris. On ne s'est pas posé longtemps la question de vivre ensemble ou non. Cela paraissait un peu fou de partager le même toit six mois à peine après notre premier baiser et en même temps c'était une évidence.

J'ai eu le sentiment d'avoir été portée, supportée, éduquée, rassurée. Gérard taillait à la hache les lianes qui encombraient ma vue, m'empêchaient d'avancer. Il avait une lucidité sur le monde doublée d'un certain lâcher prise. Il incarnait une force tranquille. Il m'a pris sous son aile, m'a sorti de la jungle touffue où j'évoluais difficilement. Il m'a emmenée sur un chemin plus serein.

J'ai trouvé en lui un tuteur, solidement ancré. On a poussé côte à côte pendant une décennie.

Après l'accident, la mue s'est opérée. Le tutorat a laissé place à une relation plus équilibrée. Nous avons connu nos premiers désaccords, nourris du sens critique qu'il m'avait lui-même inculqué. J'ai perçu sa vulnérabilité, son faux-calme et j'ai pu devenir à mon tour un soutien.

Gérard n'est pas mon tout. Il est une histoire de vie. Cela ne veut pas dire qu'il occupe en permanence le siège de mes élans, de mes émotions ou de mes attirances. Je ne crois pas à l'amour en autarcie. À tous les âges, je suis persuadée qu'on a besoin d'un lien réel, profond, avec plusieurs personnes, pour avancer.

Je n'ai pas choisi d'aimer Gérard. Je n'ai pas choisi d'être frappée par le désir. En revanche, j'ai choisi d'élire quelqu'un et de vivre en couple avec lui, de construire un foyer, de fonder une famille avec lui. Les sentiments qui nous ont cueillis, transpercés dans leurs débuts flamboyants, méritent qu'on en prenne soin, qu'on les ravive comme le feu, qu'on les aère, que l'on les renouvelle comme on change l'eau des fleurs.

Mode d'emploi

Une seule vie en poche et tant d'âmes que l'on croise.
Où et quand décider de poser ses bagages ?

Choisir une vie volage et se nourrir d'instants ?
Un papillon sauvage ne vivant qu'au présent ?

Choisir un point d'ancrage, y demeurer un temps
Et reprendre la route vers la prochaine escale ?

Arriver à bon port, construire un nid d'amour,
S'en évader parfois, y revenir toujours ?

Jurer fidélité à une terre fertile,
Établir un empire et en devenir reine ?

Bâtir à quatre mains un vaisseau de fortune
Pour visiter ensemble des terres inconnues ?

Une seule vie en poche et aucun mode d'emploi,
Seulement une lueur : rester fidèle à soi.

Tisser des liens

Lorsque je mesure aujourd'hui la place des liens amicaux dans ma vie, je revois la petite fille de six ou sept ans, seule dans la cour de récréation.

Comment l'être solitaire qui errait dans la cour est-elle devenue l'être sociable que je suis ?

Au collège, je n'étais pas la plus populaire mais j'avais une identité « sociale » : je faisais partie d'un groupe. Je recherchais je crois cette sorte de label : « apte à faire partie d'un groupe ». Sans exclusivité aucune car je m'intéressais davantage aux individus dans leur singularité qu'à la côte de popularité et je ressentais, au sein des groupes, les jeux d'alliances qui se font et se défont.

J'ai fait au lycée quelques nouvelles rencontres, croisé des personnalités intéressantes et subi des rejets insidieux, apprenant le lundi les détails de la soirée du samedi à laquelle je n'étais pas conviée. Je n'avais pas le look et sans doute pas assez d'enthousiasme. Les flirts m'intéressaient moins que les matchs de volley-ball.

D'autres rencontres ont suivi, à l'université, au bureau, en vacances, dans le quartier d'Argenteuil où j'ai vécu douze ans. L'être sociale que je suis devenue est la somme de ces rencontres individuelles.

Les âges se succèdent comme les versions d'un document, sans écraser les précédentes. On garde en mémoire toutes les versions de soi.

Je ne suis pas dotée d'une très bonne mémoire et pourtant, j'ai l'impression d'avoir accès à toutes ces versions. C'est peut-être un jardin que je cultive. J'ai toujours eu peur de trop m'adultiser. De ne plus savoir parler avec mes semblables que cinéma, boulot, politique et de ne plus jamais ou presque avoir d'échanges plus « intimes ». Je suis fière et heureuse d'avoir conservé la puissance émotionnelle d'une adolescente à laquelle se superpose la sagesse de la maturité.

Sur mon chemin de vie, je n'ai abandonné personne, même si certains liens sont restés « gelés », comme coincés dans l'époque qui les a vu naître : les changements ouvrent de nouvelles opportunités de rencontres, mais je porte en moi toutes les personnes que j'ai incarnées. Je ne change pas de costume ou de rôle, j'accumule des « couches de vies », comme un arbre dont l'écorce s'épaissit. Je rêverai de pouvoir retrouver tous ceux qui ont compté, et reprendre des années plus tard exactement là où nous en étions. Avec dix, vingt, trente ans de plus, retrouver le nœud originel, les fondations laissées là, et reprendre le dialogue avec nos voix d'aujourd'hui, nos écorces épaissies. Ce n'est pas de la nostalgie, je n'ai nulle envie de revivre le temps passé, j'ai simplement envie de m'y promener, comme dans un songe, et de ramener de ce voyage ces jeunes pousses d'amitiés pour les replanter dans mon jardin, les arroser de présent et voir ce que cela donne.

Le travail est un formidable jardin pour cultiver des amitiés. Le terreau du quotidien fait des merveilles. On se bat pour des causes communes, la pause-café sert d'exutoire.
Du cabinet d'avocat où j'ai exercé huit ans, j'ai conservé trois amies exceptionnelles. Une traductrice anglaise, une avocate de ma promotion dont j'ai suivi les péripéties bien après que nos

chemins professionnels ne se soient séparés, et une autre avocate, amie avec les deux autres et qui crée une sorte de trait-d'union vertueux. Ces amitiés me sont précieuses et continueront longtemps de faire vivre des soirées arrosées, des promenades enchantées dans le massif central, des moments en famille partagés dans des maisons de campagne, des jeux idiots sur lesquels on rit, des concerts de Muse où nos corps et nos voix s'accordent.

Il y aurait pu avoir une quatrième amie. Une collègue qui me faisait énormément rire, qui relevait du spectacle vivant tant elle narrait des épisodes de la vie quotidienne avec une mise en scène intégrée. Elle s'ouvrait aussi parfois de ses pensées plus profondes, plus retenues, si bien que nous avions développé une certaine intimité et pas seulement une sympathie réciproque. Nous nous sommes beaucoup querellées à propos de la façon de qualifier notre relation. J'imposais mon statut d'amie, moi qui jugeais tous les critères remplis, là où ses propres limites rendaient inenvisageables la double casquette de l'amie et de la collègue.

On pouvait être « les meilleures collègues » du monde, on resterait précisément dans ce monde, dans ces murs ou les bars alentours, mais il n'y aurait ni week-end, ni vacances, aucune prise dans la vraie vie.

Je crois qu'elle avait bien avant moi perçu la théâtralité du monde du travail et tenait à maîtriser son personnage. Je n'ai pas eu la patience ni la sagesse d'attendre que l'on ne travaille plus au même endroit pour, peut-être, lui donner envie de repousser les limites.

À présent, je me sens guérie du désir d'absolu. J'accueille les relations, chacune à sa mesure, de l'ami de passage à l'âme sœur que l'on aime profondément, pour son essence, pour cette petite part d'absolu qui ne peut se dissoudre dans les événements de la vie. Je les accueille sans étiquette, sans préjugés et sans attente.

Les passions amicales

Je suis tombée en amitié pour la première fois à l'âge de 11 ans.

Elle s'appelait Alice et nous étions dans la même classe au collège. Elle habitait à deux rues de chez moi, dans une grande maison bourgeoise dont le rez-de-chaussée était occupé par le cabinet médical de son père. La cuisine était vaste et toujours impeccable.

Sa plus grande sœur me fascinait par sa beauté et la douceur qu'elle dégageait. Je guettais les moments où nous allions la croiser entre deux étages, le sourire chaleureux qu'elle ne manquerait pas de m'offrir. Malgré la sévérité de sa mère, cette maison représentait un havre de paix, un modèle d'harmonie, une certaine image de la « normalité » dans laquelle j'aurais aimé me fondre. J'avais du mal pourtant à trouver ma place dans cet espace.

Une nuit, alors que j'étais invitée à dormir chez Alice, nous nous sommes tenu la main. Je ne sais plus très bien quels sentiments m'habitaient alors mais je ressentais un besoin puissant de ce contact-là.

Je la contemplais intensément, si intensément qu'un jour elle s'est trouvée gênée par ce regard. Il se dégageait d'elle un charme, une attractivité hors pair. Filles, garçons, professeurs, tous semblaient épris de son grain de voix, de ses yeux bleus, de son visage qui n'était déjà plus celui d'une enfant.

Je me sentais fière de faire partie des élus. Je ne l'ai jamais enviée, d'autant que je m'en souvienne, mais certainement déifiée, comme nous le faisions tous.

Qu'est-ce qui distingue une amitié forte et intense, assez typique de la préadolescence, d'un sentiment amoureux ? Une réelle attraction qui nous pousse à nous attarder dans le regard de l'autre, à rechercher le contact physique ? Une passion sous-jacente qui transforme l'élue du moment en idée fixe ?

Les autres paraissaient fades en comparaison de l'étoile qui prenait toute la place, autour de laquelle je gravitais pendant des mois jusqu'à la connaître par cœur.

J'aimerais être branchée à ton cœur désarmé
Y gommer tous les doutes et le redessiner
Et si un jour la vie te l'a trop abîmé
J'aimerais, de tout mon souffle, pouvoir le regonfler.

Je demeure encore trente ans plus tard, lorsque je rencontre quelqu'un qui me plaît, comme un radiateur en surchauffe. Je ne gère pas le thermostat. Ni le rythme des échanges, ni leur intensité. J'ai besoin de savoir comment va son cœur, ce qui tourne dans sa tête, chaque petit et grand événement de sa vie, comment il s'est construit, où sont ses failles. J'ai besoin d'une connexion permanente à son histoire. Je n'aime rien tant que l'exaltation que cela procure et en même temps, cet emballement me donne le vertige, j'ai peur de tout gâcher en abreuvant l'autre jusqu'à le noyer.

Dans ces phases d'amitié passionnée, je goûte à la confusion des sentiments. Ressentir un désir si puissant pour une « simple amie » questionne nécessairement, qui plus est quand ce raz de marée dépose sur le sable un trouble, une envie de contacts à la frontière de la tendresse et de la sensualité.

L'attirance physique s'invite dans le prolongement naturel de l'intimité intellectuelle ou émotionnelle. Comme une piscine à débordement, il y a un moment où un glissement s'opère sans que l'on ne s'en rende vraiment compte. Rien d'irréversible ou de permanent. Comme un pic de fièvre qui m'emporte, puis se retire.

Je parviens de mieux en mieux à percevoir le moment où il faut créer de l'espace, laisser l'autre reprendre son souffle, respecter son mode d'emploi. Mais la recette de l'équilibre, du PH neutre, ça non. La passion précède toujours certaines amitiés.

Ces coups de cœur naissent toujours d'une relation balbutiante, à l'instar du coup de foudre amoureux, et s'invitent dans ma vie à un moment précis.

Face à une épreuve, je cherche inconsciemment une ligne de fuite. L'addiction vient me saisir dans ces moments de grande vulnérabilité. La passion est une forme de drogue comme une autre. Mes amitiés passionnées répondent souvent à cette dynamique : le besoin de fuir un moment difficile, de créer une diversion. Je vis parallèlement la relation qui se construit réellement et celle que j'invente, pleine d'un bric-à-brac d'émotions, d'attentes, de songes. Cette vie fantasmée, cette réalité augmentée, mène à l'euphorie autant qu'au désespoir.

Une des premières personnes dont « l'amitié amoureuse » m'a bouleversée a un jour pris le large, épuisée sans doute d'avoir trop bu la tasse en naviguant dans mes eaux bouillonnantes. La voir m'inspirait tant que mon être entier débordait littéralement. Un jour, elle m'a avoué que tant d'énergie la fatiguait.

J'avais dix-huit ans à l'époque. Depuis, j'ai souvent repensé à ce qu'elle m'avait dit. J'ai achevé de le comprendre en lisant le passage d'un ouvrage de Fabrice Midal sur l'hypersensibilité qui m'a immédiatement ramené à elle et à cette époque de ma vie : « *Les hypersensibles les plus heureux sont ceux qui ont réussi à trouver leur propre rapport au silence. Ils sont guéris d'un mal dont ils sont parfois les victimes. Un besoin incontrôlable de parler dans le désordre, dans l'émotion, dans le vain espoir de vider ce trop plein d'émotions qui les submerge, les angoisse, les intoxique.* »

J'avais dix-huit ans, je ne connaissais pas grand-chose à l'amour, je peinais à sortir du tourbillon émotionnel de l'adolescence, je vivais comme un carambolage intérieur : les désirs et les craintes fusaient, se percutaient. Je vivais dans une sorte de brouillard, sans ambition professionnelle, sans « foyer familial » suffisamment serein pour constituer un ancrage. J'étais rongée par l'inquiétude, captive de mes idées noires et, dans le même temps, portée par une furieuse envie d'aimer. Je cherchais la présence des êtres lumineux, je voulais baigner dans cette lumière, cette clairvoyance, cette confiance qui les habitait. J'aurais voulu me fondre en eux, m'échapper de moi-même.

Trouver la paix dans mon rapport aux autres, cesser de me demander s'ils m'aiment, comment ils m'aiment et combien ils m'aiment, m'a demandé beaucoup de temps.

J'ai découvert, en devenant maman, le concept du réservoir émotionnel. Avant l'âge de raison, ce réservoir affectif a une importance fondamentale. Le remplir d'amour, de confiance, de sérénité, c'est permettre à la colère de bouillir tant et tant qu'elle s'évapore d'elle-même, c'est permettre au chagrin de verser des seaux de larmes et s'assurer qu'après l'orage, les réprimandes et les cris échangés, le réservoir sera à nouveau plein. Prendre soin de ce réservoir, c'est le premier commandement que je me donne en tant que mère.

Si le réservoir fuit, s'il est abîmé, cassé, éventré, l'équilibre des fluides n'est plus possible : l'individu dont le réservoir est percé ne sera jamais totalement serein, rassuré, épanoui, même avec tout l'amour et toute l'attention du monde. Il ne mesure d'ailleurs pas ce qu'on lui donne : sa jauge n'indique que ce qui reste quand le trou plus ou moins béant du réservoir a fait son œuvre.

Mon réservoir est percé, et cela me conduit parfois à une vertigineuse décroyance. Brusquement, comme un château de cartes s'effondre, je peux imaginer que je me suis trompée. Tel être aimé ne m'aime pas en retour, ou pas autant que je le souhaiterais. Le doute s'engouffre dans mes failles, dégrade mon amour-propre, tarit la confiance et, finalement, empoisonne le lien.

L'arroseur arrosée

Vingt ans plus tard, tu es entrée dans ma vie. Tu es devenue le réceptacle d'une période de vie tourmentée, secouée comme un arbre en pleine tempête. J'avais trente-six ans, j'étais au fond du gouffre professionnellement, tenaillée par l'angoisse de mort, bouleversée par la maternité.

La plupart des gens ne perdent leur inhibition que sous l'effet de l'alcool. Pour ma part, même tout à fait sobre, j'exprime la moindre pensée avec une spontanéité et une absence de retenue qui déconcertent le plus souvent.

Tu n'étais pas décontenancée, ou tu n'en laissais rien paraître. Tu accueillais, en parfaite yogi, toutes sortes de pensée et d'anecdotes, des plus légères aux plus intimes, des plus prosaïques aux plus obscures.

Un jour pourtant, je n'ai plus supporté de ne recevoir que mon propre écho lorsque je me livrais à des confessions intimes. Je n'ai plus supporté ton immense self-contrôle lorsque je versais dans la plus totale désinhibition.

J'ai souffert d'avoir la sensation de ne pas avoir fait bouger d'un iota ta carapace de pudeur et d'avoir par conséquent raté la rencontre tant espérée.

Je me suis réveillée, après une nuit agitée, encombrée d'une rage intérieure qui me ramenait à l'enfance, au fossé infranchissable qui m'a longtemps séparée de mes camarades. La sensation d'être une extra-terrestre vouée à regarder le monde s'agiter.

J'ai pris la plume et j'ai écrit jusqu'à me délivrer moi-même des liens asymétriques dans lesquels je m'étais volontairement installée, avant qu'ils ne m'étouffent.

Je ne te dirai pas que quand je parle à tous, c'est à toi que je m'adresse.
Je ne te dirai pas que j'ai peur de moi, de mes passions éphémères, de mes désirs secrets qui font désordre.
Je t'ai déjà dit que je tombais en Amitié comme d'autres tombent en Amour.
Peut-être que chacun ressent ces coups de cœur de l'intérieur, comme on loge un petit locataire qui nous bouscule et nous échappe.
Peut-être que les autres le vivent en sourdine, sans y prêter trop d'attention, sans laisser leur sono intérieure à fond, leur imposer ses vibrations.

Tu me disais : « *il ne faut pas se prendre la tête avec les choses simples, il y a assez à faire avec la complexité du monde* ». Ces assertions que j'entendais depuis l'enfance m'agressaient. « Tu gâches ton énergie, tu te noies dans un verre d'eau, tu es une écorchée vive qui ignore tout des vraies souffrances de la vie. »

Renvoyer à la simplicité des relations humaines, et m'inviter à me tourner vers l'extérieur, c'était une gifle. Tu me déclarais coupable. Auto-centrisme puéril. Ce n'étaient pas tes mots mais voilà ce que j'entendais entre les lignes.

Avec le recul, je comprends autre chose. Tu avais dû percevoir la fumée grise des songes émaner de moi. Tu te disais que ce qui se consumait-là n'avait pas lieu d'être. Tu m'invitais seulement à choisir le chemin de la simplicité.

Mais choisit-on ce chemin ? Certains l'ont inscrit par défaut dans leur GPS. Beaucoup de choses leur paraissent simples. D'autres, au contraire, sont assaillis par leurs ressentis. Tu évoquais la complexité du monde comme quelque chose d'extérieur à soi, n'englobant pas les destinées individuelles. La complexité du monde, de ce que l'humanité fait du monde, je la vivais d'abord dans l'ambivalence de l'individu.

Si je me questionnais sur notre amitié, c'est bien parce que mes sentiments étaient complexes. Je ne sais pas à quel point je peux les partager sans que ce sel, cette épice qui m'est propre, ne devienne toxique. J'ai peur de faire du mal. Je t'imagine sourire en lisant ces lignes : « pour faire du mal, il faudrait d'abord me toucher. Tes sentiments t'appartiennent, ils ne peuvent pas m'atteindre ».

Au fond, c'est sans doute à moi que j'ai eu peur de faire du mal. Si je te poussais dans tes retranchements, c'était pour quémander ces mots rassurants : je t'accepte telle que tu es, avec tes débordements d'amour et tes questions farfelues. Et puisque ce genre de peur, tu ne la connais pas, tu ne pouvais mesurer le caractère impérieux de cette demande. Tu refusais de t'y plier. À moi de choisir de vivre avec ce doute, ou de reculer jusqu'à une distance ou le rejet devient acceptable.

La crise de confiance a finalement été résolue par un rêve. J'ai rêvé que je t'enlaçais. J'ai rêvé que tu me soufflais les mots que j'attendais. Des mots d'amitié, des mots qui ont sans doute traversé ta pensée et dont j'ai capté la lumière.

Rarement j'ai ressenti une telle sérénité au réveil. Cette rencontre nocturne, fut-elle un mirage de mon psychisme, a laissé son empreinte au lever du jour, effaçant les traces des doutes.

Je fais souvent preuve d'une excessive intimité, parce que c'est ainsi que j'aime vivre les relations. Je n'aime rien tant qu'essayer de démasquer les autres. Je fais partie de celles qui recherchent les vraies rencontres. Tout le reste me paraît superflu.

Je découvre pourtant, à quarante ans, qu'être authentique ne signifie pas nécessairement tout montrer, tout de suite, tout le temps.

La colère ressentie envers toi, l'amie qui m'apparaissait comme une forteresse imprenable, c'était finalement un constat d'échec : je n'avais pas eu accès à tes recoins obscurs, bien gardés par ton immense capacité à ne montrer de toi que ce que tu étais prête à dévoiler.

J'imagine la rencontre comme l'espace où bougent nos lignes identitaires au contact de l'autre. Je suis devenue avec toi l'arroseur arrosée.

Ce que je mettais sur le compte de la maturité gagnée avec l'âge, cette capacité nouvelle à faire preuve d'une relative retenue, à mesurer l'impact de mes écrits avant de mitrailler à l'aveugle, à user du non-dit sans mensonge, n'est-ce pas finalement de ton fait ? Tandis que je cherchais à assouplir ta carapace de self-contrôle et traquais tes failles, je ne m'apercevais pas que c'était toi qui me transformais.

Tu m'apprenais que, sur le tableau de nos vies, on peut décider d'un éclairage qui attirera le regard ici où là. Nul mensonge n'habite l'œuvre, il y a simplement des parcelles plus ou moins accessibles au visiteur.

Pas de fumée sans feu

J'ai commencé ma carrière au sein d'un cabinet d'avocat parisien. Un monde dur, dans un écrin de velours. Outre un terrain amical plus que fertile, j'ai eu la chance immense de pousser tranquillement à l'ombre d'un mentor, un collaborateur aussi brillant qu'humble, aussi pédagogue que sachant, solide dans sa pensée, serein et d'humeur constante.

Je partageais le bureau d'une avocate plus expérimentée, qui travaillait au cabinet depuis quelques années déjà. Des soirées à crouler sous les gros dossiers, des heures au téléphone avec des clients pour tout comprendre de leur business, des heures, encore, à faire des recherches juridiques, rédiger des écritures, réunir des pièces. Lorsque j'ai rejoint son bureau, c'était déjà la fin de l'âge d'or. Le flux de dossiers confiés à ses bons soins s'est peu à peu tari. Elle vivait en « sous-régime » depuis un certain temps déjà lorsqu'un jour, sans crier gare, on lui a demandé de partir. Cela faisait des années qu'on la sous-alimentait en dossiers, pour finalement le lui reprocher. C'était une destruction organisée. Je l'ai plainte sincèrement, et malgré tout une partie de moi ne pouvait s'empêcher de penser : « il n'y a pas de fumée sans feu ».

Quelques années plus tard, j'ai expérimenté à mon tour cette « mise au placard ».

J'avais quitté le cabinet d'avocat après huit ans pour rejoindre une autorité administrative indépendante. J'y étais affectée à des tâches diverses selon les besoins du service et mes propres champs de compétence. Après deux ans de collaboration avec un manager qui suivait les travaux de son équipe et s'adonnait à ses propres missions, le service a été réorganisé.

Les débuts avec ma nouvelle « N+1 », choisie par la directrice pour superviser tous ceux qui avaient postulé pour obtenir son poste, se sont plutôt bien passés. J'ai pris le temps nécessaire pour lui transmettre les informations permettant sa prise de poste et son immersion dans les sujets. La directrice du service a salué ce bon état d'esprit.

Le vent a tourné petit à petit, à mesure que ma « N+1 » a pris ses marques. J'ai découvert des modes de management inédits pour moi. Toute communication devait désormais passer par elle : interdiction d'échanger directement sur nos missions entre membres de l'équipe, d'organiser des réunions de travail avec des chargés de mission d'autres départements hors de sa présence, d'envoyer des mails, même internes à l'administration, sans relecture et correction de sa part.

Cette privation d'autonomie m'a profondément déstabilisée. J'ai découvert ce que peut revêtir le terme de "subordination". Ce contrôle rapproché et le périmètre rigide assigné m'était difficilement supportable, de même que l'absence de gestion de mon emploi du temps. Lorsque je m'ouvrais de ces frustrations, j'étais reçue comme une enfant capricieuse et subissais des remontrances infantilisantes. S'ajoutait à cela des reproches réguliers sur la qualité de mon travail, pas assez approfondi ou rigoureux, ce qui générait du stress et un sentiment d'échec auquel je n'avais jamais été confrontée, ni au cours de mes études de droit, ni au cours de mon expérience en cabinet d'avocat.

À l'issue de mon contrat de trois ans, on m'a proposé un renouvellement pour un an au lieu de trois. Ce n'était jamais arrivé au sein de la direction juridique. Je l'ai vécu comme un discrédit et une humiliation. J'étais déchue, réduite à mes points faibles. J'étais devenue la "mauvaise élève". On me cantonnait à des commandes qui ne correspondaient pas à ce pour quoi j'étais le plus douée. J'ai découvert le bore-out, la spirale négative dans laquelle l'ennui entraîne le désinvestissement, qui conduit à se voir confier moins de tâches. Le périmètre se restreint petit à petit, inexorablement, jusqu'au moment où l'on se sent aussi inutile qu'invisible.

Peut-être les autres ont-ils alors pensé : « il n'y a pas de fumée sans feu ». Ce soupçon s'est infiltré en moi aussi, jusqu'à m'asphyxier.

Cherchant un nouveau poste pour quitter l'administration, j'ai postulé au sein d'une grande entreprise française dont je connaissais le directeur juridique.

J'ai été recalée par le cabinet de recrutement externe au motif d'un « excès de franchise ». Comment peut-on être trop franc ? Est-ce que trouver une place dans le monde professionnel implique nécessairement des boniments et des mensonges ? Quelle ne fut pas ma naïveté de penser qu'humilité et compétences suffisaient !

Déjà en faculté de droit, malgré une mention bien et plus de quatorze sur vingt de moyenne en quatrième année à Paris II, je n'ai pas été admise à rejoindre le master de droit des affaires : il me manquait la posture, l'allure, l'habit, le vernis à ongle et la solide conviction d'être à ma place. Je ne ressemblais en rien aux autres candidates admises à l'oral.

Je n'ai apporté aucune mesure correctrice. Je crois qu'au fond, j'assume et revendique mon naturel et il me serait plus coûteux de le trahir que d'essuyer des refus. Si j'ai perçu à cet instant que je n'appartenais pas à une sorte de « bourgeoisie encodée » et que cela me fermerait toujours des portes, je n'ai jamais cherché à me transformer pour l'atteindre. J'assume la bourgeoisie « brouillon », le chat de gouttière et non le chat de race.

L'entreprise au sein de laquelle ma franchise, mon allure et moi-même avons finalement été accueillies m'a proposé une place de responsable juridique où tout était à construire, le poste n'existant pas avant mon arrivée.

Une joie immense m'a envahie. J'avais échappé de peu au naufrage, j'étais parvenue à me projeter dans ce poste à responsabilité et à convaincre de mes capacités.

Pourquoi, pour quoi ?

J'ai longtemps cru que ceux qui changeaient d'orientation professionnelle avaient fait fausse route. Au fond, je les plaignais : tout ce temps à apprendre un métier, pour le délaisser quelques années plus tard. Cinq années se sont écoulées, sur un chemin de crête qui sépare la sphère professionnelle du droit dans laquelle j'ai toujours évolué, des voies inconnues d'une potentielle reconversion professionnelle. À chaque point d'étape, j'ai choisi le réengagement, mais j'ai totalement revu mon rapport à la reconversion. Elle m'apparaît désormais comme le choix éclairé par l'expérience et la connaissance de soi, un choix plus mûr que le premier, le point d'équilibre entre ce qui me plaît et ce qui permet d'être rémunérée.

Christophe Fauré[2] nous dit que pour opérer un virage professionnel, il y a deux questions préalables à résoudre, comme dans un immense jeu de pistes. D'abord, il faut savoir « pourquoi » on aspire au changement, afin d'être sûr qu'il est bien d'ordre professionnel. Ensuite, il faut savoir « pour quoi » l'on part. Déterminer le point d'atterrissage.

J'ai appliqué le premier filtre à mon auto-bilan professionnel. Au fond, pourquoi vouloir quitter l'univers du droit ?

J'ai trouvé beaucoup de mauvaises raisons. La première d'entre elles, c'est mon incompétence supposée. Cette croyance que l'on m'a enfoncée méthodiquement dans le crâne, à petits coups répétés, pendant cette dernière terrible année dans l'administration.

---

[2] Maintenant ou jamais ! La vie commence après quarante ans, paru le 26/08/2020 aux éditions Albin Michel

La deuxième, c'est l'ennui. J'avais oublié que ce qui m'a conduit à choisir cette voie, c'est précisément sa diversité. L'ennui ne vient pas du domaine professionnel mais de la routine qui peut s'installer sur le lieu de travail : mêmes collègues, mêmes clients, mêmes missions.

La troisième raison qui me tiraille régulièrement, c'est l'investissement requis en termes de temps. Est-ce que la matière juridique mérite que je lui consacre une part si importante de ma vie ? Comment éviter qu'un métier « à responsabilité » ne devienne un gouffre ? Je n'ai pas encore totalement résolu cette question.

La dernière raison, plus fondamentale, est celle « du sens ». Où est ma place ? Je me sens à la fois très investie dans mon travail et trop engagée dans tout autre chose pour m'y sentir pleinement légitime.

C'est un sentiment diffus qui ne m'a jamais quitté : l'amateurisme en toutes choses. L'art, le travail, le sport. Je n'ai pas l'appétit des hauteurs, pas d'ambition. J'admire ceux qui ont le courage de se mobiliser pleinement pour grimper, à la sueur de leur front, quoi qu'il en coûte. Je les admire autant que je les plains. Je me demande si le bonheur ne réside pas dans ces parcours faciles que l'on peut arpenter puis délaisser au gré de ses envies.

Depuis que je suis mère, le monde de l'enfance se présente comme une voie de reconversion possible. D'autres voies m'attirent néanmoins. Je peine encore à déterminer celle qui me correspondrait le mieux. Il y aura, c'est sûr, une composante touchant davantage à l'humain. La psychologie m'a toujours attirée autant qu'elle m'effraie. Je ne me sens pas les épaules pour porter jour après jour la souffrance des autres. Je m'userais à ne pas réussir à tous les sauver. C'est, entre autres choses, cette mission trop grande pour elle qui a conduit ma mère au fond de l'abîme.

Si je m'y essayais malgré tout, ce serait dans une dynamique collective : thérapies de couples, familiales, médiation sur les lieux de travail. Rétablir une communication entre les gens.

Les soins du corps m'intéressent aussi et en particulier le massage. Je me suis retrouvée dans le témoignage d'un champion du monde de massage, qui définissait le massage comme « un acte d'amour, au sens noble du terme », une connexion au cœur, « un véritable voyage intérieur dans lequel la parole n'a rien à faire. »

Par le corps ou l'esprit, procurer du mieux-être. Quand j'avais douze ans, une copine au collège me charriait gentiment, elle m'appelait « the sauveuse of the world ». On n'en guérit jamais, je crois, de cette obsession de la réparation. On n'en finit jamais de manger le pain noir de l'impuissance.

Ma place réside peut-être dans cet éclatement. Déployer mes branches, laisser fleurir les expériences, cesser de vouloir se définir par une ou plusieurs spécialités, et partager son temps pour laisser une place dans l'agenda à tout ce qui revêt du sens.

Monet y a vécu sept ans

Nous avons vécu douze ans à Argenteuil, dans le Val-d'Oise. Une ville immense et invisible à la fois. Inconnue de nous aussi jusqu'à ce que l'on cherche à acheter une maison et que les prix de l'immobilier nous contraignent à visiter la deuxième couronne de la région parisienne.

Argenteuil, ça a d'abord été une énigme, un îlot, un point atypique sur la carte : des prix au mètre carré presque deux fois moindres que dans la ville voisine de Colombes. Beaucoup de préjugés à déjouer, de craintes à apaiser pour faire découvrir à nos amis et famille notre quartier.

En 2022, la Maison des impressionnistes où Claude Monet a vécu quatre ans a ouvert ses portes à Argenteuil.

Ce musée sans toile, presque entièrement digital, est une mine d'or pour la ville car il raconte son Histoire, par une succession de toiles du célèbre peintre. J'ai ressenti une sorte de nostalgie d'un temps que je n'ai pas connu. La campagne avant la grande ère de l'industrialisation. On y voit les champs et les vignes, les bords de Seine joliment aménagés, les maisons cossues et les larges avenues. Puis, la grise fumée des usines, les rails, les bateaux. On voit la ville se transformer sous le pinceau de Monet.

En parcourant ce musée, j'ai pensé que ce lieu avait du sens pour moi qui aime tant le courant impressionniste et les trésors d'humanité à dénicher là où règne la « mauvaise réputation » d'une ville.

Notre ancrage dans la ville date surtout de l'arrivée des enfants. On a découvert le quartier, les voisins, fait et refait tant de fois le chemin de l'école qu'on en connaissait chaque maison.

Lorsque nous sommes devenus parents, on est sortis d'une routine atomique, centrée autour de notre seul foyer, une maison dans une rue résidentielle, pour nous ouvrir à une véritable vie de quartier avec ses cercles concentriques : des connaissances croisées à la crèche, des visages familiers, habitués du marché le samedi matin, des parents des copains de nos enfants ou croisés à l'association des parents d'élèves…

Le confinement a ajouté son lot de belles rencontres, avec au premier rang la fleuriste du quartier venue ramener la nature dans nos intérieurs cloisonnés. À l'heure où les grandes surfaces étaient saturées, le marché s'est transformé en haut lieu de Drive qualitatif. Les buttes, à moins d'un kilomètre, nous offraient une vue panoramique sur tout Paris.

J'ai toujours su que ma potentielle reconversion s'inscrirait dans un changement de cadre de vie. Quitter la grande ville, le métro, la foule anonyme, les embouteillages. Quitter aussi ce que j'aimais, les bons restaurants, les bars à vin, les théâtres, les musées, les copains de quartier, l'ambiance du marché, les buttes d'Argenteuil.

Nous avons osé ce changement. Parcouru des centaines de kilomètres d'Argenteuil à un petit village dans l'Ain. Retour à la capitale une fois par mois, ce qui permet d'affronter encore la violence du métro parisien, sa foule, son agressivité ambiante, et de nous conforter dans le choix de s'établir ailleurs.

Sorte de lune de miel dont nous profitons à plein. Il est encore trop tôt pour la nostalgie, la lassitude du « tout voiture », le manque de ceux qu'on ne reverra plus ou pas aussi souvent.

Trop tôt aussi pour savoir si on retrouvera ici ce voisinage intégré qui embellit le quotidien et élargit l'horizon.

La Maison-Mère

J'ai grandi à Lille, dans les années quatre-vingt. Une maison traditionnelle du Nord, dans un quartier résidentiel. Un numéro anonyme dans une longue rue passante qui mène à la sortie de la ville. Une haute bâtisse en briques, accolée à ses voisines, s'étirant sur deux étages, qui paraît aspirée vers le haut, cherchant un morceau de ciel.

Au rez-de-chaussée, les deux fenêtres côté rue ainsi que la porte sont ornées de barreaux en fer forgé. Ces fenêtres, je ne les ai jamais vues ouvertes. Côté rue, la maison est opaque. Protégée des regards, des intrusions et des échanges avec le monde.

À gauche, une porte s'ouvre sur une grande pièce qui réunit trois espaces : le bureau, le salon, la salle à manger. Dans le bureau, une grande bibliothèque porte de lourds volumes d'encyclopédie et des albums photos, reliques de l'aire pré-numérique. Entre les deux fenêtres, un secrétaire sur lequel reposent quelques livres. Ma mère, qui ne s'est jamais servie d'un ordinateur, y écrivait des lettres manuscrites. Toute la culture est concentrée dans ce bureau, une pièce que l'on peut contempler, dans la pénombre, mais dans laquelle on ne vit pas.

On peut y dormir, en revanche. Je revois mes grands-parents y déplier le canapé-lit, frontière mouvante séparant le bureau du salon, et le replier consciencieusement chaque matin. Bien des années plus tard, lorsqu'elle n'était plus capable de monter l'escalier menant à sa chambre, ma mère s'y est définitivement installée.

Après le bureau, le salon, auquel on accède en contournant le canapé-lit. Un grand buffet plein de vaisselle au dedans et de photos au dehors, surplombé par un grand miroir, une chaîne stéréo et un tourne-disque sur lequel ma mère écoutait Jacques Brel, Léo Ferré et Julien Clerc, en fumant des cigarettes.

Enfin, la salle à manger. Une grande table en bois. Une verrière en guise de plafond et une baie vitrée menant au jardin. Toute la lumière de la maison est concentrée ici. Les repas de famille ont raison de s'y éterniser.

Le jardin est petit. Quelques dalles au sol forment une cour où l'on déjeune quelque fois sur une table de jardin trop grande pour cet espace restreint. La cour se prolonge par quelques mètres de terre sans gazon, bordés d'arbres et d'arbustes dont je n'ai jamais connu les noms. Ce petit jardin de ville était davantage un espace de jeux qu'un lien avec la nature. Aucun d'entre nous n'y a jamais jardiné, planté des fleurs, taillé les arbres ou encore déniché des insectes.

La verrière de la salle à manger a dû être remplacée, le chat est passé au travers dans un vacarme d'enfer. Mes sœurs et moi avions poussé des cris stridents, tandis que nous étions installées au salon, absorbées par un épisode d'*Ally Mc Beal*. Le chat, agile, s'en est sorti pratiquement indemne et n'a tiré aucune leçon de ce fâcheux incident. Il a continué de se poster sur les rebords des fenêtres au premier et au second étage, et de sauter sur la verrière.

Dans la salle à manger, de grandes bibliothèques occupent tout l'espace des murs. On y trouve des ouvrages variés, sans classement, guides de voyages, essais de psychologie, livres de dermatologie, romans. Près de la baie vitrée, un radiateur sur lequel traînent quelques journaux, pour le plus grand bonheur du chat qui y passe des heures.

    La cuisine est fonctionnelle. À gauche, une table adossée à la fenêtre. Mes parents y prenaient leur petit déjeuner en écoutant la radio. Le soir, une cigarette à la main, ma mère feuilletait des revues en écoutant de la musique et en sirotant un verre de rosé. Nous allions, à tour de rôle et toujours sur la base du volontariat, lui réciter nos leçons. Le week-end, elle cuisinait. Elle épluchait les légumes, préparait le poisson, concoctait sans se lasser ses quelques recettes favorites. Elle ne sollicitait jamais notre aide. La maison s'enveloppait tout entière dans ces odeurs de cuisine, qui masquaient la tenace odeur de tabac froid. Le chat se postait sur le rebord de la fenêtre lorsqu'il voulait rentrer. Ou plutôt, les générations de chat qui se sont succédées et ont pris possession des lieux.

    À l'étage, la chambre des parents est tout au fond, côté rue. La nuit, lorsque j'étais fiévreuse, j'allais frapper doucement à la porte entrouverte. C'est toujours mon père qui se levait, m'administrait du doliprane et me recouchait dans le canapé. Lieu ultime du réconfort. Le refuge, lorsqu'une tempête se déchaîne sous le crâne, lorsqu'on est fourbue, courbatue, lasse, patraque, fragile, malade. Moins angoissant qu'un lit. C'est le lieu idéal pour se laisser cueillir par le sommeil.

    À côté de la chambre parentale se trouve celle de mon frère. L'unique garçon de la fratrie. À l'entrée du couloir menant à ces deux chambres, un second escalier permet d'accéder au 2e étage. Côté rue et côté cour comme au théâtre. Deux espaces partagés pour loger quatre filles. Le chat squattait cet escalier. Je le revois, au petit matin, qui remuait l'arrière-train, prêt à partir en chasse, et sautait sur mes pieds nus en m'arrachant des cris de surprise. Pour déjouer ses assauts, je mettais des Doc Martins, sans prendre le temps de les lacer, ni même d'enfiler des chaussettes. Avec ces chaussures, il n'approchait plus. D'autres fois, il nous surprenait à donner des coups de pattes à travers les barreaux. L'escalier était définitivement son terrain de jeu.

Côté rue, la chambre que je partageais avec ma sœur aînée. Une fenêtre centrale, deux lucarnes. On a essayé de dresser des cloisons, sans succès. La vue n'est pas tout. Le son aussi réclame l'intimité. Il a fallu cohabiter. Condamnées à partager le même espace, comme deux prisonnières dans la même piaule, tantôt bourreau, tantôt victime, jamais en paix.

Après son bac, ma sœur a quitté la maison et je me suis retrouvée seule dans cette chambre, sans pour autant me l'approprier réellement. Puis je suis partie à mon tour et c'est mon frère cadet qui en a hérité. Lorsque j'y retourne aujourd'hui, je me surprends à ne ressentir aucune émotion. Cette chambre a eu trop de locataires, elle n'a plus d'âme, elle s'est épuisée en route.

Dans la chambre d'à côté, occupée par mes jeunes sœurs jumelles, point je ne ressens pas d'onde négative. Un partage de l'espace harmonieux et pacifique. Une grande fenêtre lumineuse côté jardin, présentant un encadrement intérieur sur lequel j'aimais m'installer, moitié dedans, moitié dehors, de la musique dans les oreilles. C'était mon endroit favori de la maison. Mon refuge. Mon nichoir. Où étaient les jeunes sœurs pendant ce temps ? Au salon ou dans le jardin ? En vacances chez les grands-parents ? Je revois cette chambre vide que j'occupais sans droits ni titres.

Seconde vie

2018. J'ai trente-six ans et je regarde désormais cette maison avec des yeux d'adultes. Les meubles n'ont pas bougé. Cette maison est devenue un véritable musée, regorgeant d'objets poussiéreux du sol au plafond. La maison a vieilli, les peintures sont défraîchies, les meubles de cuisine abîmés. La peinture des fenêtres est écaillée. L'encombrement a gagné du terrain. Les chambres à l'étage sont pleines à craquer de livres jaunis, abîmés, vandalisés par nos soins, de walkmans et lampes de chevet, de vieux jouets, de posters aux murs, de peluches, de photos, de carnets, d'objets décoratifs, de toutes nos affaires laissées là, comme on abandonne une maison qui prend feu en ne prenant avec soi que le strict minimum.

La maison s'est enlisée. Elle aurait besoin d'un lifting. Les bâtiments n'ont pas à se contenter d'une seule vie. Les effets du temps ne sont pas irrémédiables, les murs peuvent traverser les âges. Leur espérance de vie est sans commune mesure avec celle de leurs bâtisseurs. Et pourtant, la maison de mon enfance se meurt.

Elle lâche prise, comme une personne âgée qui ne veut plus faire l'effort de se tenir droite. À quoi bon ? La façade est intacte. De belles briques rouges typiques du Nord. Seule la porte est marquée par le temps, sa peinture s'écaille comme un maquillage en fin de nuit, le bois même est attaqué. Oui, de l'extérieur, seule la porte d'entrée donne un aperçu de son délabrement. Personne ne s'est préoccupé de ses murs intérieurs, de ses plafonds, de ses ouvrants, de sa toiture.

Il faudrait la nettoyer de fond en comble, lui faire prendre un grand bain, puis la revêtir correctement. De nouveaux sols, de nouvelles peintures, du blanc éclatant, changer toutes les fenêtres, boucher les fissures. Il faudrait cirer les parquets, leur redonner de l'éclat, huiler les portes, remplacer les meubles de cuisine qui n'ont pas tenu le choc des décennies passées. Il faudrait faire un grand tri, que chaque chose retrouve sa place, que les cartons de souvenirs retrouvent leurs propriétaires. Il faudrait donner, jeter, alléger la maison du poids trop lourd de ces dépôts aussi hétéroclites que poussiéreux.

La Maladie a investi les lieux. Au sol, les tapis ont été bannis, pour éviter les crises d'asthme de ma mère. Les chats aussi ont été exfiltrés. La cigarette électronique a remplacé les Philip Morris, rendant l'air ambiant plus respirable et prolongeant l'espérance de vie de ses poumons abîmés.

Une chaise roulante, une chaise percée, un lit entre le bureau et le salon. La Maladie, au moins, ne se cache pas. Elle est bruyante comme une quinte de toux qui n'en finit pas. L'Alcool était plus traître, plus insidieux. L'Alcool scotchait ma mère sur la chaise de sa cuisine.

2019. J'ai 37 ans. Après vingt ans d'une vie d'excès, ma mère nous a quittés. Le jour de son enterrement, je craignais de retourner dans la maison. J'avais peur d'être aspirée par le néant. Je fus surprise de découvrir une maison plus lumineuse, plus calme, comme allégée du poids des souffrances accumulées. Comme si les compteurs avaient été remis à zéro. Les souvenirs heureux avaient retrouvé de l'espace. J'ai même aperçu un petit morceau d'avenir. Je me suis dit qu'il faudrait sauver cette maison, qui a abrité des jours heureux, des joies, des rires d'enfants, des jeux, des chats et des livres. Ma mère n'avait pas déserté. Seul son double maléfique avait quitté les lieux.

Depuis, courageusement, mon père s'attaque à redonner vie à cette vieille bâtisse. Réfection du toit et des fenêtres, de la cuisine et de la salle de bain, peinture bleu électrique sur la porte d'entrée, plafonds, parquets, désemplissage massif de meubles et d'objets à tous les étages. C'est une entreprise de tri infini.

Cinq ans après le décès de la mère, la maison a été profondément rénovée. Comme je l'espérais secrètement, mon père lui a offert une seconde vie. On aurait pu penser que mon père devenu veuf voudrait déménager. Je suis à présent convaincue qu'il n'en fera rien : ce serait comme déserter sa vie tout entière.

Flirter avec la ligne jaune

Assez tôt, j'avais cerné chez ma mère un double phénomène : la fréquence, lorsque l'alcool se fait quotidien ; l'intensité concentrée sur des vendredis soir beaucoup trop arrosés.

Maman boit du rosé
Pour repeindre sa vie,
Pour oublier le jour
Et supporter la nuit.

Ce qui est terrible, avec l'alcoolisme, c'est qu'il fait son nid insidieusement. Difficile de savoir à quel moment la bouteille devient une béquille, à quel moment elle s'installe de manière permanente comme un besoin vital. Mais combien sommes-nous à flirter avec la ligne jaune, sans basculer dans l'enfer de l'alcoolisme ?

Ce fléau a gâché l'existence de ma mère et la nôtre pendant vingt ans. Anxieuse, elle a fait une sévère dépression : l'alcool a remplacé le prozac qu'elle craignait comme un poison.

Maman cherche l'ivresse
Et largue les amarres,
Pour s'éloigner enfin
De tout ce qui la blesse

J'ai fui à l'âge de vingt ans, laissant mes jeunes sœurs de seize ans et le petit dernier tout juste sorti de l'enfance. Revenir dans la maison familiale était de plus en plus coûteux. Il se passait plusieurs mois sans visite, entrecoupés d'appels réguliers qui me minaient profondément. J'ai fui ces années noires et ces tempêtes. J'ai construit ma propre histoire, solide comme la brique voulant échapper au souffle du Grand Méchant Loup.

Maman, à la dérive,
Et tellement loin déjà…
Emportée par les flots
D'alcool, tu te noies.

Voir l'état de ma mère se dégrader au fil des ans nourrissait une grande peur, ainsi qu'une grande colère. J'y voyais pèle mêle l'impuissance de mes mises en garde quant à l'urgence des soins, l'immense sensation de gâchis (comment a-t-on pu en arriver là ?), la frustration (mes futurs enfants n'auront pas de grand-mère), le vertige des dommages collatéraux (et mon père ? Est-ce qu'il ne va pas craquer et tomber en dépression lorsque ma mère va nous quitter ? Et mes sœurs, mon frère, moi-même ?), et enfin un sentiment de culpabilité intense. Des nuits à me dire que les mots ne suffisent pas, que j'aurais dû amener moi-même ma mère à l'hôpital des années auparavant, lorsque j'ai pris conscience de la gravité de son état. Des nuits à regretter de ne pas avoir su la maintenir du côté de la vie, dans la lumière. Où que mon regard se portât, passé, présent, avenir, je n'y voyais qu'une vaste désolation.

Je ne sais par quel miracle j'ai réussi à m'éloigner un peu du précipice, à mettre à distance ce sentiment vertigineux qu'est la peur pour réintégrer l'instant, à cesser de projeter les pires scénarios pour m'autoriser un avenir.

Devenir mère à mon tour a changé la donne. J'étais désormais responsable de ma descendance. C'est sur leur destin que je devais veiller, et je me devais d'aller bien pour eux, de leur apporter écoute, soutien, valeurs, aide, soin. Ne pas constituer une source d'inquiétude, de colère ou de chagrin.

Un livre qui m'a également fait le plus grand bien : Avec les alcooliques anonymes[3]. C'est le livre que je conseillerais à tous ceux qui vivent ce fléau. Une biblio-thérapie. Joseph Kessel m'a permis de comprendre le chemin particulier de l'alcoolisme, la solitude inévitable à laquelle le malade va être confronté, et l'impuissance des proches, qu'ils soient terrassés par la culpabilité, portés par la colère ou aveuglés par le déni.

---

[3] Avec les Alcooliques Anonymes, Joseph Kessel, paru le 26/09/2013 aux éditions Gallimard

Laisser les plaies cicatriser

Cinq ans après le décès de ma mère, le deuil se poursuit. Le pardon continue de faire son œuvre. Il a débuté durant les dernières années de sa vie, je ne l'ai exprimé qu'à son chevet, alors qu'elle n'était sans doute plus consciente. Je réalise qu'au jour de ses funérailles, le pardon n'était pas encore advenu, si bien que les amis de ma mère, dévastés, ont semblé assez choqués par ma froideur.

La dernière fois que j'ai vu ma mère, à l'hôpital, intubée, plongée dans un coma artificiel, j'ai été interrompue par une infirmière venue lui prodiguer des soins. Je suis descendue prendre un café et j'ai écrit un texte. Je lui ai fait mes adieux.

Je ne sais pas si tu m'entends, mais peu importe. J'ai bien l'impression qu'on arrive au dernier chapitre cette fois et je tenais à te dire merci. Merci pour ta résistance incroyable, merci d'avoir défié les statistiques et d'en avoir réchappé plus d'une fois. Merci d'avoir toujours fait de ton mieux avec tes moyens.

J'ai été dure avec toi, souvent à juste titre mais dure quand même. Il m'aura fallu du temps pour te comprendre. Pour imaginer les douleurs qui t'ont construite autant qu'elles t'ont rendue vulnérable.

Il m'aura fallu du temps mais, sois en sûre, tout est pardonné.

Je suis heureuse de ce dernier Noël passé ensemble, de nos discussions sur la parentalité, heureuse d'avoir su, tard, mais mieux vaut tard que jamais, renouer un lien qui s'était distendu depuis trop longtemps.

Tu es pudique Maman. Tu as peur d'encombrer. Je suis maman maintenant et je peux te dire que je prends toute la place. L'amour filial est un truc démesuré. Au fond j'ai toujours su que tu nous aimais, même si ton amour manquait de mots, de gestes. Tu as toujours été une maman bienveillante et ouverte d'esprit. Tu nous as insufflé le goût de la transparence, de l'analyse, de la révolte, de la lecture, du poulet aux olives.
Tu as fait de ton mieux maman et qu'elle que soit la suite je te souhaite qu'elle soit douce.

Je ne m'attendais pas à cette présence résiduelle, au fil des ans, ce lien de plus en plus concentré, comme l'univers avant le Big Bang. Notre histoire se condense, des années de colère et d'incompréhension ont disparu dans un trou noir. Des années de brouillard nébuleux, de peur, de lâcheté, de fuite. C'est comme si, devenue adulte, j'avais envie de retourner visiter une cave qui m'avait terrorisée enfant. Mais je ne peux pas.

Quelques années avant de mourir, ma mère disait vouloir écrire sa vie. Pour ses petits-enfants, ajoutait-t-elle. Une génération vierge, qui aurait pu comprendre sans juger. C'est comme si elle estimait que, pour ses propres enfants, c'était déjà trop tard. Trop de passif, de déceptions réciproques, de rendez-vous manqués.

La deuxième personne que j'ai dû pardonner, c'est ma sœur aînée, avec qui je partageais ma chambre d'adolescente. Cela me paraît loin à présent, presque inconsistant. Je ne ressens plus la douleur d'antan même si je sais qu'elle a bel et bien existé. Une douleur qui a ancré en moi la peur lancinante de l'abandon et du rejet. Ma sœur a passé son adolescence à tenter de salir mes croyances et mes rêves. Dénigrement permanent et déstabilisation quotidienne.

Le petit jeu sadique auquel s'adonnait ma sœur, adolescente, consistait à me rappeler chaque soir, dans une longue litanie, combien j'étais médiocre et seule, emplie d'illusions puériles et écœurantes. Chaque soir la même petite musique empoisonnée jusqu'à ce que, dans un sanglot, je la supplie d'arrêter.

À douze ans, j'avais rencontré un prêtre dans l'établissement catholique où j'étais scolarisée. Le seul pêché que j'avais à confesser était mon incapacité à pardonner. Les mots du prêtre ont été assez justes. Il a pris l'image d'une blessure laissant une cicatrice. Le pardon, disait-il, est la capacité à laisser la plaie cicatriser, à laisser le temps faire son œuvre, sans y toucher. Ce que j'ignorais alors, c'est que la plaie était béante. Le pardon ne peut survenir qu'après la cessation des coups

Le lien entre nous était devenu tellement toxique que, pendant les épreuves du baccalauréat, mes parents lui ont demandé de ne pas m'approcher.

La dernière personne qu'il m'a fallu pardonner, c'est moi-même. Une fois ma mère partie, dans le silence des décombres a jailli un intense sentiment de responsabilité. L'adulte en moi revoyait le film de mon adolescence sans pitié. Le torrent d'émotions négatives qui m'habitait alors. L'anxiété, la colère, l'indifférence et le rejet coulaient dans mon sang.

C'est en répondant à un concours d'écriture que je suis parvenue à exorciser ce sentiment de culpabilité. J'ai essayé d'imaginer ce qu'aurait pu écrire ma mère, cela donnait :

« Ma chère petite fille,

Dans ton regard, je n'ai toujours vu que de la honte et de la désapprobation. Un jugement silencieux, un poison quotidien. Dans mes coups de gueule comme dans les jours de fête, jamais de soutien, d'attention, de fierté. Je parlais trop fort, râlais trop vite, dansais sans grâce, et tu me rejetais sans cesse, érigeant entre nous un mur dont chaque pierre me pesait autant qu'à toi. Et pourtant, je me reconnaissais en toi, j'y retrouvais mon énergie, la confiance absolue donnée sans condition à ceux qui nous entourent, l'amour de la feuille blanche et de la lecture, l'horreur de l'injustice et de l'hypocrisie. J'espérais secrètement qu'un jour, toi aussi, tu trouverais dans le miroir de ton âme quelques ressemblances avec la mienne.
Tu te rappellerais même peut-être qu'un temps, nous n'avions formé qu'un seul corps.
J'ai attendu ce jour toute ma vie. Le jour où la filiation te rattraperait, où la maturité t'apporterait l'indulgence nécessaire pour pardonner mes ratés et prendre conscience des tiens. Le jour où tu dirais : « Maman, je te comprends désormais. Traverser la vie est un périple éprouvant pour les âmes nues, les âmes désarmées, qui refusent néanmoins de revêtir la carapace que l'âge est censé forger. Je comprends tes fuites et chagrins démesurés. Courage, maman, je suis là. »

Ma propre fille grandit. Dans quelques années, j'assisterai à mon tour à cette transformation. Ses rages sont déjà là, affleurant sous la peau. Je sais qu'il y aura des jours où elle me détestera et j'invoquerai alors mes propres souvenirs. Je lui pardonnerai à mon tour son intransigeance, sa dureté, la construction de ses « anti-modèles ».

Le pardon n'est pas un geste altruiste, c'est un geste libérateur lorsque l'on a été blessé. On se décharge du poids de la rancœur. Si on exprime son pardon, il ruisselle sur le fautif, par un effet collatéral positif. C'est un acte gagnant-gagnant. Même si l'on n'oublie jamais, on peut s'efforcer de prendre le chemin du pardon. Et pour ça, il faut passer de l'autre côté de la barre et écouter la version de l'autre. Écouter son histoire. Comprendre comment et pourquoi on en est arrivé là.

S'il y a une terre où cultiver le pardon, c'est peut-être celle de la famille, où les liens sont singuliers en ce qu'ils ne s'éteignent jamais vraiment, contrairement aux liens amicaux ou amoureux. On décide de ce que l'on en fait mais on ne peut pas les dénouer totalement, on ne peut pas s'en défaire. Si on les coupe, ne se sent-on pas comme amputé d'une partie de son histoire ? Je pose la question sans jugement. Si l'on file la métaphore, le choix réside parfois entre l'amputation ou la gangrène généralisée. Vivre amputés, ou ne plus vivre du tout.

Je danse comme je suis

Je n'ai jamais eu le sens du rythme, ni le sens de l'orientation, ni aucune facilité pour coordonner des mouvements. Ma maladresse confine à la dyspraxie. Résultat : je danse affreusement mal, à un point qui peut en devenir gênant, non pour moi-même, mais pour ceux qui m'entourent.

Gérard a honte, exactement comme j'avais honte de ma mère que je voyais danser lorsque nous partions en « hôtel club », j'avais alors treize ou quatorze ans. Par chance, ma fille est bien plus indulgente, du moins pour l'instant. Du haut de ses sept ans et demi, elle me disait : « on s'en fiche de comment tu danses maman, chacun son style ». Cela m'émeut profondément, cette bienveillance.

Ce qui est curieux, c'est que j'ai l'impression de chanter en rythme. Mon handicap se concentre sur le mouvement. Ce n'est ni l'oreille, ni la perception du rythme qui pèche, mais bien l'ordre du cerveau au corps de l'épouser. Je reste en décalage permanent, sauf peut-être avec une forte dose d'alcool dans le sang : j'ai alors la sensation d'être plus en phase. Est-ce un réel effet de lâcher-prise ou l'illusion de toute puissance, la même qui pousse les gens ivres à prendre le volant en pensant être en capacité de conduire ? Je l'ignore. Gérard a sa théorie là-dessus : l'alcool réduit la vitesse de mes pensées, réaligne le rythme de mon esprit vif sur celui de mon corps.

Les colères de ma mère

De ma mère, j'ai aussi hérité les colères. Une rage à la fois explosive et contenue. J'ai découvert, en devenant mère à mon tour, que j'étais habitée par cette colère-là moi aussi.

Ma mère ne criait sur personne en particulier. Elle jetait sa colère partout et sur tous, semblant parler pour elle-même, attendant un soutien qui ne venait pas.

Je crie sur mes enfants. Le matin, quand la panique m'envahit à l'idée de ne pas parvenir à l'école à temps. Le soir, lorsque je réalise que 22h approche et qu'il est vraiment temps de se mettre au lit, pas de manger le dessert oublié 2h plus tôt car ils étaient pressés de quitter la table.

Ma colère est ciblée, mais toujours démesurée et je présente presque toujours des excuses une fois la tempête passée. Le mal est fait, je le sais, j'ai donné un tempo électrique aux premières heures du jour.

Mais l'ardoise est vite effacée. Je ne suis pas une mère tyrannique et inquiétante.

Pourquoi la mienne ne s'excusait-elle jamais ? Peut-être parce qu'elle avait de la rancune, une difficulté à reconnaître la démesure de ses réactions ? Ou alors elle minimisait ou ignorait l'impact de ses cris ?

Je ne crois pas en tous cas qu'elle voulait incarner l'image de quelqu'un qui fait peur.
Je ne crois pas qu'elle avait même conscience que cela déclenchait chez ses enfants (chez moi en tous cas) ce sentiment d'insécurité. Mes parents n'ont jamais été stricts. Ils ne régnaient pas par la terreur. Et pourtant, les contrariétés poussaient ma mère dans des états de ressassement et de colère qui faisaient

d'elle un personnage inaccessible, coincé dans un mal être qu'elle alimentait sans trouver personne avec qui le partager.

S'excuser ne suffit pas. Je travaille sur ces colères toxiques. À titre préventif, j'essaie de déjouer le contexte propice à l'explosion et de m'isoler pour retrouver mon calme si la bombe n'a pas été désamorcée.

J'aurais bien envie désormais de revivre une scène du passé, avec ma stature d'aujourd'hui, de prendre ma mère par les épaules et lui dire : « respire, calme-toi, tu braques tout le monde avec tes colères insensées, redescends s'il te plaît. Reste avec nous ».

Portrait en mouvement

Ma mère n'était pas très sportive. Ses déplacements étaient dictés par un but précis : se rendre à la plage, faire le marché. Je n'ai pas souvenir de l'avoir vue se mouvoir pour le seul plaisir, excepté quelques bains de mer à la Baule, l'été.

Durant les dernières années de son existence, elle était tellement faible qu'elle ne pouvait plus marcher. Elle se déplaçait en fauteuil roulant. C'est comme si les années s'étaient abattues sur elle en accéléré, dans un fol emballement, marquant son visage, amenuisant son corps. Je sais d'où vient cette dette de temps : une consommation excessive d'alcool, de tabac, une insuffisance cardiaque doublée d'une bronchopneumopathie chronique obstructive. Et pourtant, c'est bien cette mobilité de plus en plus réduite qui marquait pour moi le début du déclin.

J'ai toujours aimé le sport. Le premier que j'ai pratiqué de façon intensive est le volley-ball. J'y ai joué sur sable, l'été, à la Baule, dès l'âge de douze ou treize ans. J'ai ramené ce plaisir estival dans mes bagages pour poursuivre toute l'année au L.U.C. J'avais quatorze ou quinze ans et je n'ai jamais arrêté, ou plutôt, jamais perdu de vue ce sport.

Aucun sport ne me procure plus grande joie. Je ne marque pas les points ou rarement. Ma force, c'est d'être le maillon : la réception qui rabat les cartes quand l'adversaire se pensait fort, la passe qui permet à l'attaquant de pratiquer son plus beau geste. J'aime la pureté du jeu, la précision qui nous transcende parfois, la coordination qui s'opère presque à notre insu, comme des instruments qui s'accordent.

J'y ai noué de belles amitiés, entre 16 et 18 ans, parcourant avec mon équipe et nos coachs le département du Nord pour affronter dignement des défaites et goûter au plaisir partagé de la victoire. Je me souviens en particulier d'une amitié épistolaire avec une lycéenne sensible, tout comme moi, aux paroles de chansons, aux dessins, aux mots qui racontent. Je revois ses yeux rieurs, son énergie vitale incroyable contenue dans une douceur qui tranchait avec mon agitation perpétuelle. Une amie-passion qui me fournissais un morceau de son âme dans chaque enveloppe remise à la fin des entraînements. C'était une drogue je crois, cet exhausteur de goût, cet itinéraire bis accessible aux seuls écrivains en herbe, qui, au-delà de la vie « visible » décrivent de lettre en lettre ce qui se passent en eux.

Quinze ans plus tard, je partage encore beaucoup avec ces amies du volley. Nous avons traversé les années, voyagé, randonné, fêté nos trente ans puis nos quarante. Nous avons vu les amours se faire et se défaire, les enfants grandir jusqu'à devenir à leur tour ces adolescents qui créent des liens sur les terrains de volley.

Gérard a goûté lui aussi au sable fin de la plage Benoît, au beach-volley et aux marches à marée basse, au vélo contre le vent dans les marais salants. La montagne que j'aime tant, été comme hiver, me serait peut-être restée peu familière s'il ne m'y avait pas emmenée pour m'initier à ses vacances. J'ai découvert les ampoules et les courbatures insoupçonnées, les coups de soleil improbables, les parties de belotes qui accompagnent le saucisson et le vin rouge, les pistes rouges et les confidences sur télésiège.

Gérard m'a offert mes premières randonnées, l'éloge de la lenteur, les ascensions douloureuses, la joie des sommets, du chemin parcouru, le plat qui rapproche, les paysages qui n'offrent jamais la même lumière, le silence juste troublé par le bruit des pas et celui du souffle. Communier quelques heures avec une nature qui nous dépasse et que l'on ne maîtrise pas. Épouser le vent, la pluie, le soleil et la danse des nuages.

Le ski alpin, c'est l'inverse : le plaisir coupable de la glisse, de la vitesse grisante qui nous met en danger, des paysages à couper le souffle, dénaturés par les télésièges qui nous permettent d'y accéder sans effort. Mon péché moderne.

En tête des souvenirs heureux que je conserve de l'enfance, il y a mon grand-père courant derrière nos selles de vélo pour nous accompagner. Puis les balades ensemble, en Normandie ou à la Baule. Mon bien aimé papy est mort à 91 ans, mais une partie de sa joie de vivre nous a quitté bien avant cela : dès lors qu'il a été jugé inapte à la pratique du vélo, c'est comme si on lui avait retiré un sens.

Mon père aussi pédale avec joie au bord de la Deûle. Quand j'aurais 66 ans, puis 85, et que je galoperai en deux roues, peut-être suivie par mes petits-enfants, je penserai à coup sûr à ma lignée paternelle.

Au-delà des liens d'amitié, du jeu collectif, au-delà des kilomètres parcourus et de la transmission, je crois fermement aux vertus du sport à l'état brut, le plus nu si je puis dire, celui qui n'est qu'un dialogue entre soi-même et son corps. J'en vois deux. Le premier, c'est la course à pied. Une sorte de voyage initiatique du cœur aux muscles, en passant par le souffle et les articulations. S'y adonner oblige à trouver son rythme, celui qui permet de tenir la distance. Apprendre à ralentir, modifier la foulée. Être son propre cavalier, en accord avec soi. Le second, c'est la famille des sports et pratiques qui travaillent les postures, les étirements, le renforcement musculaire (Pilate, abdos-fessiers, certains types de yoga). Ces sports là confinent aux soins, tant ils me confrontent à mes propres limites, à mon corps raide, aux tensions discrètement installées dans la nuque et le dos, aux abdominaux bien cachés sous une carapace graisseuse que j'essaie d'oublier. Ces sports-là ne me procurent pas nécessairement beaucoup de plaisir et pourtant ils me semblent sont essentiels. C'est une sorte de ménage intérieur, pour décrasser les toxines, aérer les muscles, dépoussiérer les connexions entre l'esprit et le corps.

Zazie

Je fais partie des 2% de la population dont la majorité du temps d'écoute est consacré à l'artiste Zazie. Statistique calculée par Deezer en 2022.

Certains morceaux de Zazie sonnent comme des poèmes musicaux, où la force des accords porte celle des mots.

J'écris sur ce que j'endure
Les petites morts, sur les blessures
J'écris ma peur, mon manque d'amour
J'écris du cœur, mais c'est toujours

Sur ce que je n'ai pas pu dire
Pas pu vivre, pas su retenir
J'écris en vers, et contre tous
C'est toujours l'enfer qui me pousse

A jeter l'encre sur le papier
La faute sur ceux qui m'ont laissée
Écrire, c'est toujours reculer
L'instant où tout s'est écroulé
(sur toi)

C'est par Zazie que j'ai rencontré Gérard. J'avais prévu de venir à Paris voir quatre ou cinq autres « amis virtuels ». Nous nous étions connus sur un Forum Internet, dans les années 2000. Des fans de Zazie. Je devais loger chez une « lutine », nom de code de fan. Mais elle n'a finalement pas pu me recevoir.

Gérard m'a dit : « *n'annule pas ta venue, je peux t'héberger moi aussi* ». C'était la première fois que l'on se voyait en tête à tête. Dans cette intimité née du hasard, il s'est créé une osmose assez transcendante. À tel point que c'est à reculons qu'on s'est rendu au rendez-vous fixé avec les autres, le lendemain.

Lorsque ma fille a voulu en savoir plus sur les prémisses de l'histoire qui l'a vue naître, nous lui avons raconté, son père et moi, notre rencontre autour de Zazie. Je l'ai bercée de ses chansons le soir au coucher. Elle n'était peut-être pas encore réellement sensible aux textes, mais la voix, le rythme, et cette illusion de familiarité avec une artiste connue suffisaient à son bonheur.

Ce que ma fille ignore encore, c'est que j'ai connu Zazie bien avant Gérard. Adolescente, c'est le premier concert auquel j'ai eu la chance d'assister, en famille, au Zénith de Lille.

Plus tôt encore, à l'heure du walkman, un amour de vacances m'a fait découvrir les premiers albums de Zazie. C'était un jeune homme torturé et vivant tout à la fois, comme le sont probablement une majorité des « fans » de la première heure. En écoutant Zazie, j'ai le sentiment d'appartenir à une communauté qui s'ignore, reliée par une onde invisible, comme une fréquence que seuls ses membres captent.

Vies antérieures

J'ai parfois des fulgurances, des images, des flashs qui me donnent à voir la vie antérieure de mon interlocuteur. Même si ce ne devait être que ce n'est que le fruit de mon imagination, cela reste ludique.

Il y a ceux qui adorent l'eau et y passeraient leurs journées, comme des poissons dans l'eau, ceux qui ne pensent qu'à (re)conquérir le ciel, ceux qui restent lovés dans le canapé et dont on entendrait presque le ronron. Il y a ceux que je verrais bien, chevauchant un étalon lancé à pleine vitesse, leurs cheveux au vent, habillés d'une armure et une épée accrochée à la ceinture. Récemment, j'ai vu un homme qui devait avoir été un majestueux chêne dans une vie antérieure. Une force tranquille. Cela doit être étonnant de prendre part à l'incessant mouvement des hommes, après des centaines d'années ancré dans le même sol.

Il y aussi ceux qui s'aiment, comme s'ils s'étaient toujours aimés, dans d'autres vies. Il y a les phobiques, rattrapés par des terreurs anciennes ancrées dans des cellules mémorielles. Il y a les jeunes âmes et les âmes mûres. Il y a celles qui sont nées femmes après une vie d'homme inachevée (ou inversement) et qui ne se sentent pas en phase avec leur « nouveau corps ». Il y a celles et ceux qui sont capables de parler cinq ou dix langues aussi aisément que leur langue maternelle. Il y a ce besoin de voyager partout autour du monde, pour se retrouver. Beaucoup de phénomènes trouvent du sens en prenant en compte cette dimension des « vies antérieures ».

Cette croyance est aussi, sans doute, ma parade pour affronter un passage sur terre qui ne sera pas éternel. Si à chaque vie en succède une autre, comme les saisons, il y a moins d'enjeu à tout voir et tout réaliser, à ne rien manquer des trésors du monde. On a le temps.

Il n'y pas non plus à craindre le Néant, cette prison du rien dans laquelle nos âmes sombreraient pour l'éternité. Non, tout reste en place, on navigue entre le règne animal et végétal.

Quand j'ai enterré ma bien aimée mamie, j'ai été frappée par cette évidence : son corps était « inhabité », aussi sûrement qu'une maison vide.

Je n'ai pas reconnu ton corps, lorsque ton âme l'a déserté.
Allongée, les yeux clos dans tes plus beaux habits,
On eût dit une reproduction, une poupée de cire grandeur nature.

Je m'attendais à un choc, une révélation, la preuve définitive de ton absence irréversible.
J'étais prête à combattre le Monstre, à regarder la Mort en face.
Je n'ai trouvé qu'une pièce vide.

Ton corps était bien là, et cependant tu avais disparu.

J'ai grandi dans une culture catholique. Enfant, je suis allée à la messe, j'ai été baptisée, première communiante et même confirmée.

J'ai étudié dans une école privée catholique. J'ai suivi le catéchisme avec plus ou moins d'intérêt. J'ai aimé les valeurs de pardon, le partage, l'espoir, le souci d'autrui. J'ai détesté le Monde binaire (Enfer, Paradis, Bien, Mal, bons catholiques, hérétiques) et le culte de la culpabilité.

J'ai été étonnée par la foi, conduisant certains pratiquants à lire la Bible au premier degré, là où je n'ai toujours vu que des symboles.

J'ai continué à m'interroger sur l'ordonnancement du monde et sur le sort de nos âmes, jusqu'à cet ancrage progressif dans une croyance sans religion, sans rite, sans communauté, une croyance sans étiquette, juste une intuition à la fois personnelle et venue d'autres civilisations.

Et puis, je suis tombée par hasard, arpentant les rayons d'une librairie à la recherche d'un livre pour enfant sur le football, sur *Cette vie… et au-delà. Enquête sur la continuité de la conscience après la mort*[4]. C'est un livre très documenté, qui relate et analyse des témoignages du monde entier sur des phénomènes dits « paranormaux » : expérience de mort imminente, expérience de fin de vie (visions de proches décédés), vécu subjectif de contact avec un défunt, souvenirs de vies antérieurs chez de jeunes enfants. Ce qui est très intéressant dans ce livre, c'est sa méthodologie et sa pédagogie : relater ce que l'on sait, par des témoignages multiples et concordants, comment ces différents phénomènes s'articulent et font écho, ce qu'objectent les scientifiques, les contre-objections qui s'imposent.

---

4 *Cette vie… et au-delà. Enquête sur la continuité de la conscience après la mort*, Christophe Fauré, paru le 02/11/2022 aux éditions Albin Michel

J'ai ressenti une grande joie à la lecture de ces pages. Non seulement de découvrir l'ampleur des études scientifiques consacrées à ce sujet, mais également de pouvoir nourrir mes propres réflexions. J'ai même, je dois dire, ressenti une sorte de fierté à être avant-gardiste. J'ai ouvert l'ouvrage sur un « pourquoi pas ? », je l'ai refermé sur une intime conviction.

Vies oniriques

Cette croyance en des vies antérieures est née aussi, peut-être, d'une vie onirique très riche. Mes nuits sont aussi longues que mes jours et je fais des rêves récurrents.

J'ai rêvé d'une fusillade. J'entendais les balles siffler autour de moi et tentais de me protéger à l'aide de coussins, puis une fois sortie du bâtiment, je me cachais encore derrière les voitures, comme dans les films d'action qui nous laissent le souffle court.

J'ai rêvé d'un ascenseur qui montait au trente-sixième étage, alors que l'immeuble en comptait seulement quatre. Des ascenseurs détraqués, allant parfois jusqu'à se déplacer à l'horizontale d'un bâtiment à l'autre. Des ascenseurs immenses, qui lâchent et me laissent en chute libre.

J'ai rêvé que je prenais le mauvais train, le mauvais bus, m'emmenant beaucoup trop loin. Il fallait un temps infini pour retrouver son chemin. Ce rêve-là est entré dans le top 5, succédant aux ascenseurs.

J'ai rêvé de tsunamis, de vagues immenses me submergeant.

J'ai rêvé que je volais, en faisant de grands bons, comme si la gravité n'existait pas, comme si j'avais enfilé des bottes de sept lieux. Je vole toujours assez haut pour craindre l'atterrissage.

J'ai rêvé de ceux qui sont partis, avec une certaine joie de les retrouver.

J'ai rêvé d'adultère, de plans à trois, à quatre, d'amis déshabillés, embrassés, caressés.

J'ai rêvé que je marchais dans la rue sans chaussure, ou même sans vêtement.

J'ai rêvé d'accidents de voiture, bien avant le nôtre, d'incendies, d'explosions.

J'ai rêvé maintes fois que je perdais le contrôle de mon véhicule, qu'il m'échappait, m'entraînait dans sa course folle. Je ne suis même pas sûre qu'il y ait lieu d'y voir une symbolique tant j'ai longtemps été terrorisée au volant d'une voiture, comme s'il s'agissait de dompter un cheval fougueux. Il m'a fallu quinze ans pour apprivoiser la monture. Pour que le cocktail de la confiance et de l'effet d'apprentissage fasse son œuvre.

J'écoute mes rêves, j'essaie de les décrypter. Je sais qu'ils ont des choses à raconter : les peurs, les désirs. Difficile parfois de distinguer dans quelle catégorie le rêve se range.

Je n'ai pas encore percé le mystère de l'ascenseur : cette petite boîte noire qui a son existence propre dans mes rêves, qui ne se contrôle pas, qui ne connaît aucune limite. J'ai failli naître dans un ascenseur, à ce qu'il paraît. Deuxième grossesse pour ma mère, qui n'aura pas attendu longtemps ma venue : j'étais pressée d'arriver. Montée en salle d'accouchement in extremis, elle m'a souvent raconté qu'elle a craint d'achever le travail entre deux étages.

Il paraît qu'avec un peu d'entraînement, on peut prendre le contrôle d'un rêve. C'est une perspective hautement excitante pour une dormeuse comme moi. L'occasion ou jamais de repousser les limites du monde réel qui m'attend chaque matin. Je pourrais voler plus haut, plus loin, plus longtemps. Prolonger les échanges furtifs avec mes bien-aimés grands-parents. Partir en balade aux confins de l'univers, pourquoi pas.

L'attaque de la baignoire..5

La bascule..7

A deux, à trois, à quatre...15

Ma belle orchidée..21

Mon petit Soleil...25

Le X délaissé...27

Mourir à 125 ans...31

Mon Grand Amour 33

Tisser des liens..37

Les passions amicales 41

L'arroseur arrosée 47

Pas de fumée sans feu...51

Pourquoi, pour quoi ?...55

Monet y a vécu sept ans..59

La Maison-Mère..63

Seconde vie..67

Flirter avec la ligne jaune...71

Laisser les plaies cicatriser...75

Je danse comme je suis...81

Les colères de ma mère...83

Portrait en mouvement...85

Zazie..89
Vies antérieures..91
Vies oniriques...95